保险名家的成功密码

成功密码

用IP思维做专家式成交

赛 美◎著

中国铁道出版社有限公司
CHINA RAILWAY PUBLISHING HOUSE CO., LTD.

图书在版编目（CIP）数据

保险名家的成功密码：用IP思维做专家式成交/赛美
著. —北京：中国铁道出版社有限公司，2022.6
ISBN 978-7-113-28776-4

Ⅰ.①保… Ⅱ.①赛… Ⅲ.①保险－基本知识 Ⅳ.①F84

中国版本图书馆CIP数据核字（2022）第010094号

书　　名：保险名家的成功密码：用IP思维做专家式成交
　　　　　BAOXIAN MINGJIA DE CHENGGONG MIMA:YONG IP SIWEI ZUO ZHUANJIASHI CHENGJIAO
作　　者：赛　美

责任编辑：吕　芡　　　　编辑部电话：（010）51873035　　　电子邮箱：181729035@qq.com
封面设计：宿　萌
责任校对：安海燕
责任印制：赵星辰

出版发行：中国铁道出版社有限公司（100054，北京市西城区右安门西街8号）
网　　址：http://www.tdpress.com
印　　刷：北京铭成印刷有限公司
版　　次：2022年6月第1版　　2022年6月第1次印刷
开　　本：700 mm×1 000 mm　1/16　印张：16.5　字数：189千
书　　号：ISBN 978-7-113-28776-4
定　　价：69.00元

始终攀爬在追梦的高山上，做保险名家中的名家

这是一本难得的书，也是一本耐看的书！难得，是因为保险从业者需要这样一本集实战、实用、实效于一体的"工具书"；耐看，是因为在书本的字里行间，我感受到了作者的诚意和匠心。

记得不久前赛美和我说要写《保险名家的成功密码：用 IP 思维做专家式成交》这样一本书的时候，我第一时间表示支持。当我今天拿到书的样稿的时候，既惊喜又意外！我感受到了她及书本所呈现出来的"利而不害，为而不争"的价值选择。

更为难能可贵的是，赛美愿意分享自己的经验和体会，用图文并茂的方式出版，形式新颖，直奔问题，实用且适用。在她每一步的实践操作中，在每一个成功案例里，读者可以深深地感受到这一点。

我几乎是一口气把这本书读完的，感觉爱不释手。这本书令读者受益，不仅仅是在认知层面，还有很多心得与独到之处。通读此书，我受到很多启发。

赛美是保险业的资深从业者。她初入金融保险业，就将顾问咨询和一对一财富教练模式带入保险业，创建保险业务 O2O 线上、线下经营的全闭环模式，帮助千万家庭系统学习如何打理好家庭财富，管理好人

生不同周期的风险，成为保险行业的创新典范。

她也连续多年荣膺全球保险业崇高标准荣誉"IMA 保险名家金奖"，是 IMA 保险名家理事会中国区副主席。或许一直以来，大多数人都惊讶于赛美的"魔术"，很想知道她是如何做到的。我想说，这本书就是答案——对赛美而言，敬业是一种态度，是一种精神，更是一种生活方式。

无论星辰变换，无论风霜雪雨，她始终攀爬在追梦的高山上，为了获得客户的认同奋斗不息！正因如此，她才能成为百万保险人心中最明亮、最光辉的引领之一，成为精英中的精英，名家中的名家。

作为保险业的观察者、敬畏者、赋能者，我常常被人问到关于如何成为"保险名家""保险大家"的道与术的话题。智者老子所说的"道"告诉我们，"道"并不是一个我们必须尽力遵循的"理想"，而是一条通过我们自身的选择、行动与努力不断开辟的道路。对此我深以为然。赛美及千千万万 IMA 保险名家们的实践，恰恰遵循了这一点。

而我们之所以每年要在上海举办的国际保险节上举行 IMA 保险名家的颁奖盛典，也是希望借此挖掘和培养保险业"家"的精英阶层，通过新的、更高的标准建立，激发和规范经营者更高的职业追求和职业操守，让广大保险消费者"把心放在肚子里"买保险，发挥行业的崇高价值，也让专业、诚信、高素质的从业者得到尊重，还原保险从业者应有的社会地位。

成为保险名家代表着保险从业者崇高的职业信仰，IMA 是民众保险观念教育和突破的重要桥梁。在时下保险行业已经进入了高质量发展的重要时期，"买保险，找保险名家；做保险，追随保险名家"的品牌效应正在显现。

而近年来，越来越多的保险公司开始启动"千人保险名家计划""万人保险名家计划"无不在证明这一点。推动保险名家荣誉的发展，其实质是保险行业高质量发展的时代需要，也是突破行业发展瓶颈的根源性动能，这也是中国保险业从人口红利向人才红利、人力资本的转变，持续创造稳定业绩的原动力。

为适应新时期的发展需要，社会和行业都在呼吁加快构建现代职业教育体系、培养更多高素质技术技能人才，充分发挥职业教育在国家人才培养体系中的基础性和重要性。与此同时，主管部门对金融行业监管政策的从严管理，对金融从业人员必须具备专业能力等提出的明确要求，以及大众财富管理需求的井喷态势，中产客户群体的不断扩大，金融产品的日益丰富与民众对家庭财富规划管理力不从心的矛盾，社会迫切需要更多优秀的保险名家、私人财富规划师等真正具备执业知识结构、专业能力和素养的综合人才。

时代日新月异，行业革故鼎新。世界上唯一不变的就是"改变"，但无论何种改变，最终都要回归到人本身去寻找答案。谁能拥有更高的专业素养，匹配新时代的客户需求，率先打造出自己的品牌，谁就能在保险业高质量发展的进程中勇立潮头。成为保险名家无疑是保险人最好的选择。

中国的保险业，正在以全新的面貌向未来的星辰大海进发。我由衷地希望这本书可以帮助到更多的保险从业者。赛美的这些宝贵的实践、经验和思考，可以帮助同仁们在成长过程中作出关键选择，提供鲜活的方案。

我深信，如果我们持续用知识、经验赋能保险从业者，让学习与分享成为习惯，那么未来的中国保险业，必将因为涌现更多优秀的、杰出的"保险名家"而可期。

全球保险业荣誉 IMA 保险名家创立人

国际保险节创始人 / 大会主席

IMA 保险名家理事会理事长

上海鼎翊企业管理有限公司董事长

2022 年 2 月 22 日，于上海

以小宇宙般的内核力量，重新设计保险人身份

有赛美这样一位朋友是很幸福的。

有赛美这样一位导师是很幸运的。

她像是生活中的一道"防火墙"，我可以信赖地把自己人生安全系数提升这件事交给她，而她也让我对保险行业的从业人员，这一偏冷感疏远的职业有了完全不同的认知。

我不完全觉得她是一位保险人，因为她是一位独有的信息密度强大的人，万物皆可成为她对保险的理解灵感，这是她禀有的天赋，也源于她的热爱，她关注的信息面积非常宽阔，而正是基于专业的透视能力，赋予她对这些信息特有的梳理能力，让她总能抽丝剥茧，洞察到那些可能被忽略的"漏洞"，我想她是有天赋的，但更多可被学习的是她培养信息敏感与积累信息素材的能力。

抛开保险人这个身份的话，赛美表现更卓越的是共情能力。正因为保险这一职业更像是人们生活的守护神，那么就更需要富有预见性的理解力，她的语调温柔，但语言很有逻辑，能兼具理解者与支持者这两种身份，我想这点，是作为一个卓越保险人必不可少的品质。而这些是可被学习的。

正是她多身份的跨界能力，因为兴趣的广泛，才能与更多人相谈甚欢，是共情力的前提；因为跨专业能力的强大，才能做好富有共情力的守护者、支持者这一角色。所以我说，有赛美这样一位朋友是很幸福的。

我读这本书，又发现赛美的一项优秀能力，她居然还是一名设计师。每个人信息的处理能力都不一样，信息输入能力的强大，依赖信息触角的多元，涉猎面积的宽广度，而信息获取后，整理信息的能力，取决于各自不同的逻辑思维能力，就像编制自己独有的数据库，如何高效调取，如何分门别类，依赖自身知识容器的大小。

而信息的输出能力，可以揉和感性和理性结合的信息设计能力，如同一名优秀的设计师，给你适合的色彩、适合的图表，帮助你更清晰直观地理解复杂而专业的信息。从这一点来讲，可被学习的是她如何成为一名优秀的信息设计师和表达者。这恰恰是赛美可以做一名优秀的导师，建构卓越团队，并将培养更多优秀保险名家的前提。所以我说，有赛美这样一位导师是很幸运的。

读这本书，我又觉得，这仅仅只是学习赛美这么多年积累的一个前言书，书中梳理的一些实用的方法论，用图文并茂的方式给予了呈现，而章节的归纳总结，也力图让更多人能有循序渐进地进阶成长。

但我想，想要学习到她的创新、她的思维模式、她的体系建构能力，学习到她的与众不同，学习到她能力的内核，终究还是要在学习这本书之后，继续跟随她的脚步，找到那些曾经也启发过她的源泉，这样才算是真正将这些价值转化成为自己的能量。好在，赛美是一个谦虚而恳切的导师，她也非常愿意并非常适合当好导师。

正如书中所说，保险来到了一个新的时代，人们的理解也发生了很多的变化，但这是一个加速度的时代，在职业更迭速度变快、知识更新速度变快、理财更加专业多元、年龄认知代际障碍增多等一连串不由自主的加速度节奏下，人们对保险有了更多、更专业、更安全的需求，寻找专业护盾来对抗加速度变化带来的不安全感，成为人们更为迫切的需求。

与此同时，保险人也面临更多跨界能力的提升，不再是拿着一份生僻词汇众多的合同文书去销售给客户了，而是需要成为客户的生活规划协助者、家庭生活理解者、法律法规专业者、财富规划统筹者等多重身份的跨界人，也更需要保险人回归人文的保险原生土壤，让保险人兼具温暖的朋友、陪伴者、长期可信赖的支持者，我相信做好这些的人，也将是人们最需要的保险人，是一个有着极高职业荣誉的人。

思维模式创新导师

多家上市公司战略创新顾问、社会企业家

"解码商业基因""启发多元思维"课程首席讲师

商业模式创新专家

TED China 演讲嘉宾

2022 年 2 月

用极致的追求，
做幸福的保险名家

2013 年，我从 IT 创业者的身份，转型成为保险业的创业者。作为一名连续十五年以上的创业者，我深知，跨行的背后，必定是一个巨大的挑战，可内心却有一股非常强烈的愿望：希望自己既能做得长，又能够快速站在行业的"塔尖"，成为被尊重和仰望的保险名家。而我又深深理解，未来能在保险行业行走多远，取决于自身的角色定位和价值定位，只有找准了定位，体现职业的价值，得到顾客的认同和追随，才能找到真正属于自己的成功密码。

角色定位：保险代理人集企业家、教育家、保险家"三位一体"

保险代理人是一种职业身份，对保险公司而言，大多称呼他们为"业务员""营销员""团队长"……保险代理人也自称从事的是"寿险营销事业"。保险公司及绝大多数的保险代理人的关注点仍然是在"产品营销"的层面。而随着时代的发展，人们获得知识和信息的渠道越来越多，简单的信息传递已经很难得到市场的认可。

随着家庭财富的增长，仅靠产品销售和标准化服务，也难以满足客户对于财富管理的多元化需求；随着人才结构的变化，越来越多精英人才涌入保险行业，仅以销售利益为导向的工作也难以满足人才的内心渴望。2013 年，我带着互联网的基因，带着创业者的基因，带着专家以及专业主义的基因，加盟保险行业，初期体验到特别多的不适感。

庆幸的是，我是一个有着坚定信念的人，怀抱着"做一件事，便要把它做成"的决心，2014年初，着手制定了五年发展规划，完成了顶层战略设计，用5%的时间做战略规划，用95%的时间认真做执行。我认为真正的保险代理人，应该兼具三种角色：

● 企业家角色：要为组织发现外部机会，培养员工的核心能力，构建独特的企业文化；

● 教育家角色：形成价值输出，改变顾客的心智模式，以教育者的身份建立高贵的职业形象；

● 保险家角色：提供全方位的风险管理解决方案，真正帮助客户排除隐忧，实现美好生活。

专业价值：风险管理顾问、家庭资产架构师、人生超级伙伴

保险作为家庭财富和资产结构中最为重要的"安全资产"之一，既是"财富大楼"的"地基"，也是幸福生活的"防火墙"。随着国家政策、投资环境、婚姻关系、企业经营、税改进程的变化，保险成为资产保全的首选金融工具之一。

正因如此，在过去接近十年的行业道路上，我在理财规划、保险规划、法律、税务、股权设计、心理学、企业定位、家族财富管理、信托、课程设计、图书出版、流量经营、IP孵化等方面，认认真真去积累专业知识，去试图理解市场，迅速建立了一个可以应对未来变化的知识组合，转化成一套又一套财富管理解决方案交到客户手中。

从入行至今，我突破了传统保险行业团队固有的发展模式，将顾问咨询和一对一财富教练模式带入了自己的团队，并开设了包括"赛美私房课""赛美火星财团""塔尖理财师""财务问诊师""富人思维训练营"

"36 招保险达人养成记"等特色课堂和特训营。这些课堂覆盖了超过 20 万的学员。七年的坚持，我和团队改变了很多家庭对风险的认知，帮助他们建立了从人生的风险管理，到家庭资产架构设计的正确理念，为家庭财务安全和资产增值提供助力。而长年顾问式的服务与家庭教练的陪伴，也让我们成为很多客户心目中的人生超级伙伴。

三尖能力：新时代下保险创业者的"指尖、舌尖、笔尖"的能力

随着越来越多高素质人才加入保险行业，成为百万保险代理人大军的一员，他们希望将更多的职业追求和人生理想融入保险事业，期待自己成为"精细化、专业化、品牌化"的新精英人士。

传统单一的销售训练和能力，已无法支撑当下移动互联网时代的市场需求。基于此，我提出"新时代下保险创业者的三项核心能力"，即"三尖"（指尖、舌尖、笔尖）能力，注培养懂互联网和市场营销的复合型金融人才，帮助团队高效走向市场，建立"可迁移"的底层能力。

指尖上的保险
移动社交化、社群圈层的指尖经营能力

舌尖上的保险
沟通、演讲、有效表达的舌尖表达能力

笔尖上的保险
整理、记录、原创输出的文字呈现能力

- 指尖上的保险：移动社交化、社群圈层的指尖经营能力；
- 舌尖上的保险：沟通、演讲、有效表达的舌尖表达能力；
- 笔尖上的保险：整理、记录、原创输出的文字呈现能力。

三种关系：摆脱"保姆式"的保险团队长管理模式

自律是创业者成功的基础能力。2015 年，组建团队（"火星财团"）之

初，我一直在弱化自己作为"主管"的角色，摆脱过去保险行业对于团队长在管理上的大量时间消耗，因为一个人的能力和知识边界始终有限，过去互联网公司以及企业的管理经验使我意识到，"共享"是能够打破创新天花板的武器。我和伙伴的关系并不以传统的"上下级"来规范，而是建立了三种更为开放和平等的关系：

- 合伙人关系，以创业角色共同实现模式的交付；
- 导师关系，能为彼此提供专业上的引领和帮助；
- 联盟关系，市场开拓和资源上进行合作和交换。

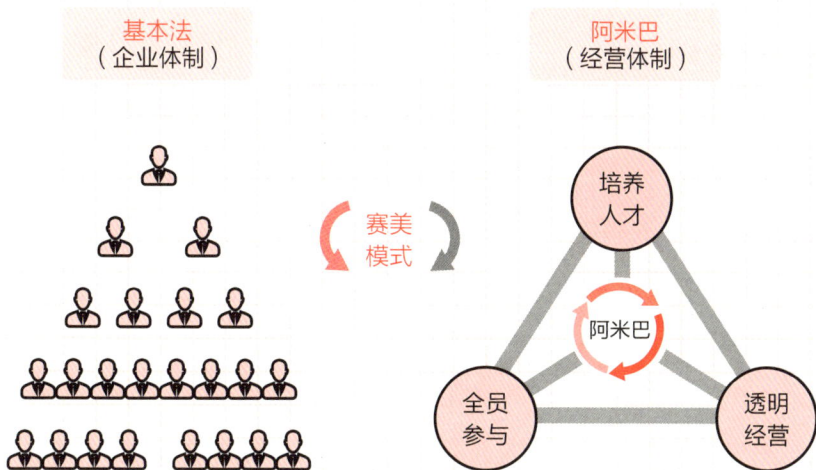

基本法
（企业体制）

赛美
模式

阿米巴
（经营体制）

培养
人才

阿米巴

全员
参与

透明
经营

散是一团火，聚是满天星。每一名保险代理人既是超级个体，又是团队中非常独特的成员，我希望带着团队，用共享的方式，为客户、为团队、为保险行业赋能，成为一支在业绩上能打胜仗，在模式上有创新成果贡献的队伍。

一个人走得快，一群人走得远

我已经连续七年获得了"保险名家"这个荣誉称号。未来每一年，我将带着团队成员走向保险名家的领奖台。而本书的出版，旨在帮助更多的从业人士走向保险名家的荣誉盛典。

特别感谢一起陪伴我创业的伙伴们，袁舒萌、童立、黄敏、禹若昕、陈玲、罗静、李丹丹、钟艳梅、胡冰岸、彭燕等，她们既平凡又卓越，她们是火星财团的创业元老，是开放分享、专业成长、创新融合的文化基因的创造者，是火星财团经营模式的缔造者，是专业化人才培养的践行者。

特别感谢邱少吟、黄敏、黄丽斯、王盼、潘知志五位老师，与我共同编写本书，他们用生动有趣的语言、实用有效的工具、闭环管理的经营思路，毫无保留地分享给保险行业，他们也是当之无愧的"保险名家"。

人们总是担心没有市场，而我总是担心不够极致专业。保险行业已经来到精细化运营的时代，无论保险行业如何巨变，唯有用当下的行动，才能去保护我们的未来。

我呼吁更多怀抱梦想的优秀人才加入保险行业，成为具有能量的引领者，因为在当下，一定是有能量的人，带领有能力的人走向未来。一个人走得快，一群人走得远。

愿我们跟上时代步伐，用极致的追求，成为幸福的保险名家。

全球保险业荣誉 IMA "保险名家金奖" 获得者

IMA 保险名家理事会中国区副主席

火星财团理财社群创始人

中国太平保险集团 区域总监

赛美

2022 年 2 月 22 日，于深圳

目　录

智取攻坚，妥善处理客户的异议

第 **4** 章

让客户发现自身需求，给客户的 6 个成交理由

第 **5** 章

成交秘籍，保险销售必杀技练成术

第 **6** 章

完美的服务成就完美的成交

第 **7** 章

学习让你的专业性与众不同

第 1 章

只有精心设计出场，才能掌控全场

"混迹"各种社交场合，却总是难以开口

对于保险顾问来说，社交技能是必不可少的。保险行业的获客方式有很多种，可以根据自己的喜好、特长及成长经历来完善自己的资源圈，比如同学会、同乡会、同事圈等，这通常称为"缘故市场"的开发。

有一些保险顾问认为自己的"缘故市场"非常薄弱，不足以支撑保险业务需求，所以他们会用各种方式拓展自己的市场，比如：做陌生人的拜访、发市场调研问卷、参加培训班，以及加入各式微信群，像宝妈群、兴趣群等。

每个保险顾问都期待通过这些方式得到优秀的人才以及优质的客户。那么，进入这些社群或兴趣圈后，如何能够确保达到自己的期待值呢？

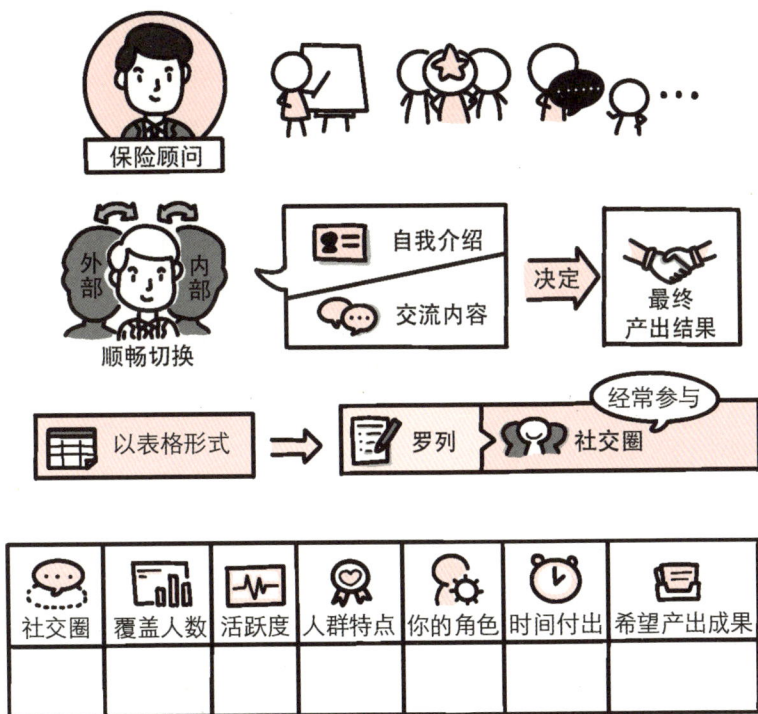

社交圈	覆盖人数	活跃度	人群特点	你的角色	时间付出	希望产出成果

1. 磨刀不误砍柴工

自微信兴起后，社群在近些年发展迅速。在社群中，比较容易形成人际关系链接。保险顾问为了链接更多的人，自然会加入很多群。那么，这些群到底有没有成为一个"销售漏斗"，成为自己影响力的发挥平台呢？答案是不确定的。

当你参加了一个社群，群里有 100 个成员。那么，在一年的经营后，转化率能达到多少呢？这个答案是不固定的。

又比如你参加了一个外部活动，获取了 100 个人的名单，最后一圈电话打下来却发现没有成交的订单，这也是很有可能的。订单是否达成与入行时间的长短、经验多寡、信任度以及知识储备等都有一定关系。

"磨刀不误砍柴工"这句话，是需要拆开来解读的。

第一个词是"磨刀"。首先重点是要明确磨刀磨的是什么刀、用什么方法磨、希望"刀"有多锋利等问题。"刀"只是工具，需要明确的是用什么样的工具、利用什么样的方法、做什么样的准备，可以让"刀"更锋利、更高效。

第二个词是"砍柴"。工具磨好以后，就要找到适合砍的"柴"。只有当目标和工具都有效的时候，才能实现自己在保险行业所要达成的业绩目标。

2. 学会做角色转换，重新设计保险人身份

为什么说保险顾问角色的转换很重要呢？

如上图所示，进入保险行业时，你可能也遇到过以下问题：参加外部社群，不知道如何开口介绍自己；发现了优秀人才，却担心开口提及保险后会被疏离；参加一个培训，被老师点名做自我介绍，却不知道如何介绍自己，白白浪费了出场机会。

在做组织发展、创业沙龙、引进人才时，你也许会听到以下声音：不好意思，我没有做过销售；不好意思，销售工作我不感兴趣；不好意思，销售工作压力太大了。

如果默认保险顾问等于销售的话，会让保险顾问和客户都感到很大的压力。客户对于销售员有天然的戒备和防备心理。客户会担心你要卖什么东西给他，会产生不信任感，也不愿回应。这就导致无法在沟通中拥有轻松平等的氛围。

事实上，大部分的保险顾问在两三年甚至更长的时间内，在很多的社交场合中，都是难以开口亮明身份的。因为他们不知道在不同的社交

场合中，如何介绍自己是最恰当的。

"保险顾问"经常被保险公司称为"业务员""销售员"。因此，很多人认为保险顾问等于销售员。事实上，保险顾问是知识密集型的专业人才，也是集多种角色于一身的综合人才。从外部来看，他可能是创业者、专业保险顾问、理财顾问、专家、风险管理师以及健康顾问等角色；从内部来看，他可能是团队领导、管理者、培训讲师、项目经理、策划、主持等角色。

对于保险顾问，角色的转换非常重要。不同的角色选择决定了在不同的社交场合，如何介绍自己以及如何与他人有效沟通。所以，需要将自身的职业角色和社交角色进行融合，才能实现惊艳的亮相。

3. 无法有效表达的原因

一些保险顾问在社交场合中无法充分表达自己，原因大致有以下三个。

第一个原因是保险行业还没有赢得普遍认同。在很多人眼中，保险工作不是传统认知的体面工作。所以，会有一些保险顾问觉得卖保险没面子，希望知道的人越少越好。但其实保险顾问这个职业是很专业的。保险产品涉及风险管理、医疗、教育、养老规划等多个板块，是集合了法律、政策、人口结构、健康医养、理财等多种专业知识的金融工具，是与每个人都息息相关的。

第二个原因是希望拥有惊艳的出场。很多保险顾问都希望自己一出场就可以被他人记住，彰显独一无二的个性。需要思考的是，如何结合自己的个性、特长及专业，设计个性化的开口方式，从而增强客户的记忆点。

第三个原因是希望自己的出场效果最大化。在听完个性化的自我介绍后，其他人会对你背后的故事产生好奇心。这种好奇心有助于找到更多的客户，从而促进业绩的达成。

4.列出自己的社交圈

每个人在社交场合中，都拥有不同的角色。当以不同角色出现时，需要顺畅地切换自我介绍以及交流内容，这会决定最终的产出成果。

以下表为例，把经常参与的社交圈以表格形式罗列，列出社交圈覆盖的人数、活跃度、人群特点、你的角色/影响力每月耗时，以及期望的产出成果。

社交圈	覆盖人数	活跃度	人群特点	你的角色/影响力	每月耗时	希望的产出成果
驴妈队	62 人	每周一次	爱旅行	徒步领队	约 3 天	？
小区群	310 户	一般	小区邻居	群运营官	约 3 天	？
单身派对	220 人	每月一次	相亲男女	主持人	约 2 天	？
创业邦	1 100 人	每月一次	创业者	分享嘉宾	约 2 天	？
培训班	45 人	活跃	MBA 同学	学习委员	约 4 天	？
×企业群	85 人	一般	团险客户	保险理赔服务	1 天	？
……						

很多保险顾问常年在社群中默默地大量付出，但是群里的人却大多不知道他真正的身份或职业。不要简单地以为在一个社群里耗两年或三年，耗出感情来就能挖到很多单。可能你辛辛苦苦经营一个社群两三年，却不敌一个专业的保险顾问以高姿态冲入社群的效果。由此可见，保险顾问不只要做社交圈子的热心达人，更要有策略、主题、目标和角色，有步骤地经营社群。

例如，你加入了"驴妈队"社群，目前成员有 62 人，每周都有郊外徒步。这个群体的特点是热爱旅行、热爱生活。恰好你也热爱徒步，在从事保险行业后依然保留了这个兴趣爱好，还在社群里担任领队。每个月你至少会花 3 天时间，和大家一起徒步。简单来看，经营这个社群可以给你带来身体上的愉悦以及志趣相投的好朋友。更深一步，如果想靠社群达成保险绩效，就要让驴友们了解你能为他们提供什么服务。

因此，在"驴妈队"社群中，就要为自己设计一个出场。自我介绍中要包含两个角色，一个是社群的角色，一个是自我的职业角色，相互融合。例如：

各位爱生活的驴妈们，我是大家的领队小美。我们因为热爱生活、热爱大自然而相聚在一起。在徒步体验中，我是领队。每个周末，我将带领大家用脚丈量世界，去领略大自然的美，同时保障各位的出行安全。在人生体验中，我也希望将来能成为你们的领队和队友，帮助做好财务规划、风险规划，带你们领略人生的美。春风十里，不如一路有你。

可以看出，这个自我介绍锁定了保险顾问与领队的关联。以"领队"为关键词，讲述了在徒步体验和人生体验中，将带领身边的朋友去领略更多的美。既有陪伴的意思，也有带领社群成员一起向前的意境。

再来看个例子。在"创业邦"社群中，你曾经是分享嘉宾，分享过自己的创业故事。如果你想在社群中收获创业伙伴，壮大团队规模，就可以突出自己的"创业者"角色来构建自我介绍。例如：

因为有梦，所以创业。2013 年，我看好保险行业在中国的发展前景，毅然加入。保险创业 7 年来，我收获了成功的果实：获得过无数荣誉，团队规模日益扩大，每年纳税金额持续增加，年营业规模不断扩大。团队中年收入过百万元的也有不少人。这样的纳税义务和员工效益，堪比一家年营业规模较大的上市公司。在成功后我才明白,在大平台下的小创业,成功概率非常高。愿更多有梦想的青年才俊,一起加入,一起达成百万业绩。

上述这些与目标统一、角色吻合的自我介绍,可以让其他人准确了解你的身份、特长、专业及服务内容,增强个人出场的记忆点。

用 5 分钟完成
微信社群的出场介绍

我们所有的注意力都在展现自己及获得客户上，怎么能够使客户资源不再浪费，进入的很多圈子不再无效？

我们需要用 5 分钟完成微信社群的出场介绍，为自己设计有个性的出场。我们平常参加很多社群活动。在每个社群或者每个圈子中我们对呈现的角色、影响力以及希望产出的结果有期待，接下来真正到自己出场的时候，才能够让别人记住你，真正发挥你应有的作用，这样通过持续经营就能得到应有的产出。

1. 自我介绍时容易出现的误区

如何在自己出场时，增强自身的记忆点，通过持续经营得到应有的产出呢？比如，在某个讲师和专业人士大量聚集的社群中，有个人自我介绍说：

大家好！我是×××，坐标厦门，职业是生涯规划师、健康管理师，也有房地产行业经验。兴趣很广泛，很多都懂一点。今年重点深耕视力保护及短视频领域，希望大家多多交流。感谢组织者和小伙伴们在武汉为我们创造学习机会，等待春暖花开，欢迎大家来厦门。

这段介绍中，你觉得他说得好的部分是什么，让你印象最深刻的是哪些地方呢？或许你记得坐标厦门，或许你记得某一个他的职业，都有可能。在这段介绍当中，包含了坐标和职业信息，其他信息可能没有留下特别多的印象。

接下来讲第二个案例，在某个微信群内，群里的主持人邀请一位嘉宾在微信群中进行自我介绍时，主持人可能会说：

今晚很高兴，很荣幸我们的 ×× 帅哥又一次在微信课堂和大家分享专业知识，他是一名"90后"代表，在金融领域中一直不断学习、进步。他今晚给我们分享二级市场的优势、远景以及影响波动的专业知识。

这时嘉宾可能就会说：

亲爱的伙伴们，大家晚上好！我是李老师，很高兴和大家见面，非常荣幸能够在群里分享，相信在较短的时间里能够让你有更多的收获。

第二个案例中，主持人起到一个热场、引导、凝聚大家注意力的作用，对后面嘉宾的出场起到一个很好的铺垫作用。那么，在这个出场里，你觉得做得好的部分在哪里，做得不好的部分又在哪里呢？

真正的学习来自日常的观察和发现、复盘和思考、优化和练习。练习无处不在，不是因为学保险知识才要练习，才要演练，才要和别人对话。所有的学习都来自真正的观察，这也是要深入思考的原因。

一起来看看上面的自我介绍中存在的问题和改善方法吧。

第一，主持人在引荐嘉宾的时候，并没有针对嘉宾进行详细介绍，也没有头像示意，这种介绍是十分单薄的。

虽然有可能之前已经请这个嘉宾分享过，无须过多赘述，但新加入微信群的人看不到以前的记录，对嘉宾还是十分陌生的。主持人以为群里的人很熟悉他，而疏于介绍，这是第一个问题。

第二，主持人没有介绍他在领域内的业绩和成果，无法激起听众的好奇心，从而激起参与的兴趣。

从嘉宾的自我介绍角度来讲，需要先回顾之前的见面经历，增加听众的参与感。再针对这次分享进行简要总结，概述分享流程以及可以收获的内容等。嘉宾的成就需要由主持人来介绍，主持人是烘托气氛，而嘉宾要把自己这一个小时在群里分享的要点、收获和重要性点明，之后再开始具体的分享。

因此，嘉宾出场时，除了打招呼以及简单的自我介绍外，还需要就上一次分享进行回顾。如果我是这位分享嘉宾，我可能会说：

各位亲爱的投资家，这是一个投资群，大家晚上好！我是赛美，距上一次跟大家分享关于投资的话题已经过去两个月时间了，今天很高兴又来到这里。过去两个月发生了什么事情？各位可能日进斗金，各位的账户可能有了大变化。今天很高兴再次受到各位群主的邀请，来和大家做分享。在今天晚上的一个小时内，大家可以收获什么？我讲三点：第一点是×××问题，第二点是×××问题，第三点是×××问题，这一个小时内是干货满满，最后还有惊喜。

如果群里有人主动加你的微信，你需要发些什么呢？一般情况下，大家想到的是简单做个自我介绍，包括姓名、职业、副业、经历和能提供什么，发完之后可以追加"谢谢"结尾。

这种千篇一律的自我介绍方式并不会引起对方的注意，因此我们要在进行自我介绍前，多留意他的朋友圈和群里发言，再与他进行交流。接下来，我们看第三个案例。

某某老师，通过这段时间在群里的相处，我发现你对某些话题非常有心得。你那天分享了一个东西，我感到很受启发，原来背后有这么多门道，未来在这方面还真得多向你讨教。

同时还可以多关注他的朋友圈，看对方的生活状态、关心的话题，并通过此建立链接。你需要从他感兴趣的话题切入，增加双方的了解，这才算是真正地建立链接。

2. 向群里做个人自我介绍前，应做的准备

磨刀不误砍柴工，我们现在来归纳一下向群里做自我介绍之前，需要做哪些准备工作？

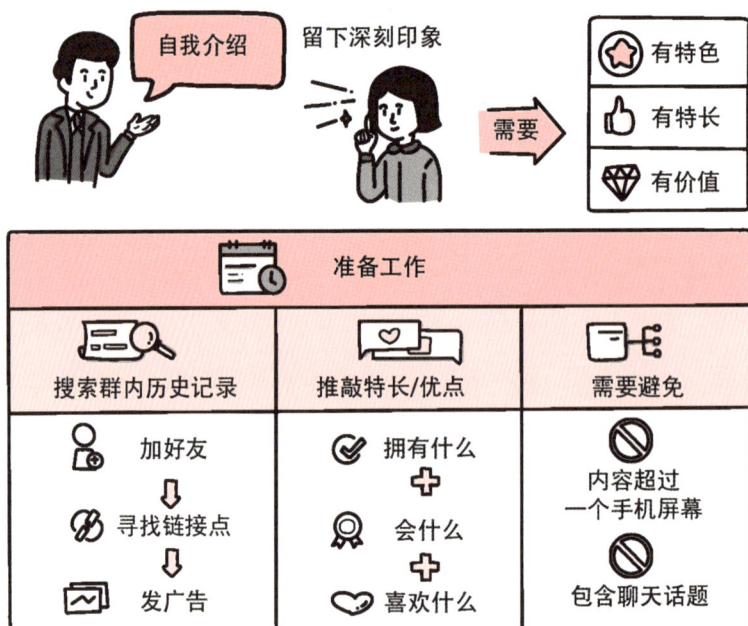

如上图所示，先要在群里搜索历史记录，这个人在群里做了哪些发言？有精彩的发言，还是从来没有发言？加好友后，迅速浏览朋友圈，找到链接点。在形成链接和共鸣后，再发布自己的产品或服务内容，这才是一个有效的出场方式。

3. 微信社群自我介绍的三个案例

先来看第一个案例的两个不同版本。

第一个版本：

小伙伴们，晚上好！我是璞悦，第 × 组的辅导老师。我有 16 年上市公司的精益黑带，后面遇到赛美，转型加入火星财团，深刻践行"理财就是理生活"，半年完成人生规划。

财富蓝图决定财富能量，甚至每个人的潜意识。作为绘画心理分析师，一幅画就能看懂财富蓝图。你们预期的，一定会得到！在理财营，你们会收获想收获的，来了，就对了。

从辅导老师的身份出发，学员可能会好奇：他到底在理财上面有什么样的特长？除了绘画心理分析师，还有哪些能让学员更愿意靠近？这个版本虽然有一定吸引力，但仍有精进的空间。

第二个版本：

小伙伴们，晚上好，我是璞悦，是你们的辅导老师。16 年上市公司管理精英、精益黑带，后转型加入赛美火星财团做专业理财，深刻践行"理财就是理生活"，入行半年完成了自己的财务配置，建立了养老、教育资金池。

10 多年理财经验，涉及房产、股票、基金等多种价值投资，并带动朋友一起参与。涉猎广，爱探究，对世界保持好奇，拥有精益六西格玛黑带及绿带讲师、美国 PMI 认证的 PMP、国家二级心理咨询师、绘画心理师等专业资质。

你们预期的，一定会得到！在理财营，我陪你们一起建设美好人生。

第二个版本表达的内容更加明确，专业证书的罗列说明这个人非常专业，除了有很好的管理经验外，还是一个非常爱学习的人。他的职场经验很丰富、很成熟，也有一定的理财基础，更值得信赖。

第一段简明阐述了他拥有 16 年上市公司核心高管的管理经验。因为对于上市公司来讲，进入核心管理圈层很难，这是十分有力的背书。第二段是讲到他加入我们的团队，服务中产家庭。最后仅以一句话结尾，更为简洁。

每个人的自我介绍都是不同的，最重要的是要真实。你需要推敲自己的特长和优点，不断告诉别人你拥有什么、你会什么、你喜欢什么，而不是把其他人的介绍拿过来改成自己的，这非常不可取。

接下来看看下面这个案例：

理财训练营的同学们，大家晚上好！我就是江湖人称"嗨皮姐"的本尊，来自湖南桃江美人窝。居深圳 21 年，曾经做过九份工作、十几个职位，2016 年 10 月来到了中国太平的赛美火星财团至今，成为一名顾问，"坐拥三位男神"。喜欢写作、跳舞、摄影、旅行、阅读等，爱好非常多，擅长家庭财富整理、家庭关系梳理。

人生格言是：虽然我走得慢，但是从没有后退。希望在这短短七天时间里，与大家一起研习理财这门不容易也不难的课程。更希望在未来的漫长人生当中，因为今日的相识，让您的财富之花越开越美、越开越艳。

看完这个自我介绍，有一个比较明显的问题就是字数较多。在微信群里发自我介绍最好不要超过一个屏幕，不要让对方滚屏，最好是一屏显示完，不然容易有信息缺失。在这个自我介绍中，一共有几个标签：居深圳 21 年，经历 9 份工作，十几个职业，2016 年加入赛美火星财团，坐拥"三位男神"。可以针对她已有的标签进行修改，同时聊天的话语不要放在自我介绍中，这样可以有效增强自我介绍的精练程度和特色。

接下来再看看以下案例：

大家晚上好！我是敏敏，一个外柔内刚的女子，人称赛美火星财团最富有的"90后"，同时也是一个公益小达人，持续9年的公益践行者。2014年我和很多小伙伴一样也是一名理财小白，同样因为遇见赛美老师，开始并实战理财之路。在2015年"裸辞"加入火星财团成为创业元老，从零开始三年内实现了资产400倍的增长。

在转行3年多以后，持续在公众号"理财社区"进行理财分享，为200多个家庭提供了理财规划服务。

第一个也是一样的问题，字数过多，需要删减。前面介绍了她的特点，外柔内刚，有坚强的意志力，是团队中最富有的"90后"，也是9年的公益践行者。这些都是她的个人标签。

第二个部分是她的投资和理财经验，应把几个关键年份的资产变化列出来。例如可以改成：2014年开始学习理财，2016年20万元撬动200万元，2018年在深圳买房。这种表述会更加吸引人。

如果敏敏也要以辅导老师的身份在微信群中出现，可以怎样做自我介绍呢？

敏敏开始说："各位优秀的伙伴，我是赛美天团的黄敏，大家都叫我敏敏，火星财团最富有的'90后'。"这时主持人可以出现烘托氛围："哪个敏敏？传说中最有钱的'90后'吗？"接下来，敏敏可以继续用一张个人海报来完善自己的介绍。

面向人群不同，自我介绍的侧重点也会不一样，这里会更大程度地展现自身的专业实力，比如自己的财务诊断能力，业绩情况，学员的评价，个人的复盘文章等。这样就能很全面地展示出自己的优势了。

在做自我介绍时需要思考：能在群里达到什么样的效果？能否记住

我这个人？对我会有什么印象？是否愿向我靠近？如果自己是客户会为自己感到骄傲吗？如果自己是准客户愿意让自己做财务诊断吗？如果自己是学员愿意让自己辅导吗？这样的出场是否完美？还可不可以更完美？

想要出场就给人留下深刻印象，**第一要有特点，每个人都应该找出自己过往中值得欣赏的闪光点**。不论你是刚刚来到保险行业，还是在保险行业中已经有所成就，每个人都是独特的，要有特点。**第二要有特长**。这个不一定是专业，可以是其他方面的长处。**第三要有价值**。每个人在生活中都能为他人提供很好的价值。这个价值点需要自己整理，要将自己的价值很准确地传递给别人，才能够增强自我介绍的记忆点。

此外，你可能还会存在难以开口的问题，解决的关键其实就在于自己。只有不断打磨，不断推敲，才能更好地开口。

用 10 分钟
定制自己的海报

对于一个保险达人来说，一个有吸引力的出场是必不可少的。如果前期的准备工作不充分，个人品牌力会大打折扣，对自己专业功底的展现以及客户经营都会产生消极影响。那么，如何在 10 分钟内定制自己的专属个人海报呢？

这里通过几个修改的示例，为大家介绍一下自我介绍的写作方法。一个好的自我介绍，在最后完成前至少要经过十次以上的调整。调整过程中，可以与周边的朋友、客户等多交流，听取他人的意见，确认属于自己的关键词。在主体风格确认的基础上，进一步调整细节，才能拥有惊艳独特的开场。

1. 围绕关键词展开自我介绍

在找准关键词后，自我介绍将以此为核心展开。多数情况下，个人的名字需要作为一个关键词重点强调。同时需要注意的是，两个关键词之间要注意相互的关联性。下面我们来看一个示例：

陈杏，在银行、证券、保险均有过工作经验。

那么，如何能将这些信息扩充为一个让人印象深刻的自我介绍呢？

选定独特的关键词是首要的。"陈杏"这个名字，需要作为关键词重点强调。而独特的工作经历，在银行、证券、保险均有过工作经验，可以突出其在金融行业工作经验丰富，所以第二个关键词可以定为"金钱"。再以这两个关键词为核心，展开自我介绍如下：

人这辈子可以没有钱，但是不能没有诚信（陈杏）。大家好！我是陈杏，将会是你一辈子的朋友。买保险就是买诚信，陈杏愿意为你提供最温情、最靠谱的服务。

2. 明确自我介绍内容的逻辑关系

自我介绍时，要注重内容的逻辑关系。进行结构化梳理后，再围绕关键词逐步填充，更能清楚地表达出自我介绍要传达的内容。

例如：一位宝妈，在自我介绍中提到她很爱拍照、画画，也喜欢研究亲子关系和心理学，因为这和家庭养育孩子有关系。

首先要对这段内容进行逻辑梳理，可以提取出孩子、自己、家庭的结构化递进关系。然后确认独特的关键词，由养育孩子可以延伸出"成长"这个关键词。围绕"成长"对这个介绍重新梳理如下：

我热爱拍照、画画记录孩子的成长，爱用思维导图记录自己的成长，爱研究亲子关系赋能家庭成长。

围绕幸福美好人生，抱紧一起成长，呼应了前面三种成长关系。逻辑的梳理，使这段自我介绍更清晰，且围绕"成长"的关键词，连用的排比句让听众清楚地了解到这段文字传达的主旨，表达的内容也更加明确。

3. 找准具有个人特色的关键词

在进行自我介绍时，找准具有个人特色的关键词，更利于给他人留下深刻的印象。下面我们来看一个自我介绍调整前后的示例。

大家好！我是小赖，名家荣。"80 后"重庆女子，立业于上海。我在上海从事了 4 年的出租车工作，成为"活地图"，服务过无数的客人，诚实守信服务，客户零投诉。2017 年我加入太平，通过学习竞争成为业务经理，为 100 多位客户送去 8 000 多万元的保障。你认为我在享受的时候，我在工作；你认为我在工作的时候，我在享乐；你认为我在生活的时候，我在带你体验。我重健康，爱运动，爱美食，有方向。在路上，期待与你一起游天下美景，尝天下美食。快乐工作，幸福生活，我是小赖，值得信赖。

可以看出，这个自我介绍中有两个可作为关键词的点：独特的姓氏：赖是个较为特殊的姓，可以与"信赖"相关联，加深听众印象；与众不同的工作经历，4 年的出租车工作经验，让她成为上海的"导航"。这个工作经历在保险行业是比较独特的，可以作为关键点放大来说。那么，根据"信赖"以及"上海的导航"这两个关键点展开来说，这篇自我介绍可以调整为以下内容：

大家好，**我叫赖家荣，值得信赖的赖**。大家可以叫我小赖。与其他人不同的是我的工作背景。我有 **4 年上海出租车工作经验**，已然成为朋友心目中的**小导航**。在我脑海里，上海已经被绘制成一张美丽清晰的地图，来上海想吃最好的美食、看最美的风景就找小赖。

从 2017 年加入央企中国太平，为 100 多位客户送去 8 000 多万元的保障，最高保额达到 1 000 多万元。我喜欢这样的人生，被信赖，有价值。在追求幸福快乐和自由人生的路上一定有我的导航。我是最值得信赖的保险顾问赖家荣。谢谢大家！

可以看出，通过对"信赖"和"上海的导航"这两个关键词的放大，这篇自我介绍的个人特色明显加强。

大家在选择自我介绍的关键词时，要注意独特性和不可替代性。关键词是自我介绍的核心点，需要用心挖掘，才能形成有特色的个人简介。

4. 自我介绍的五个通用特征

一个优秀的出场应该有特点、有特长、有价值。扩展来说，作为一个保险达人，自我介绍应该有五个特征：**感性的、温暖的、专业的、数据的、简练的**。首先，因为保险是人文的行业，是关心他人生命的行业，是对未来进行保障的行业，是给家人呵护的行业，所以自我介绍的表达应该是感性和温暖的；其次，专业和数据可以向客户展现优秀的业务能力；最后，如果出场介绍想表达的内容过于丰富，要学会简练表达。

5. 如何制作一张个人海报

自我介绍是个人海报的素材，在实际应用中也是十分重要的。接下来的内容，会让你对个人海报有更详尽的了解，见下图。

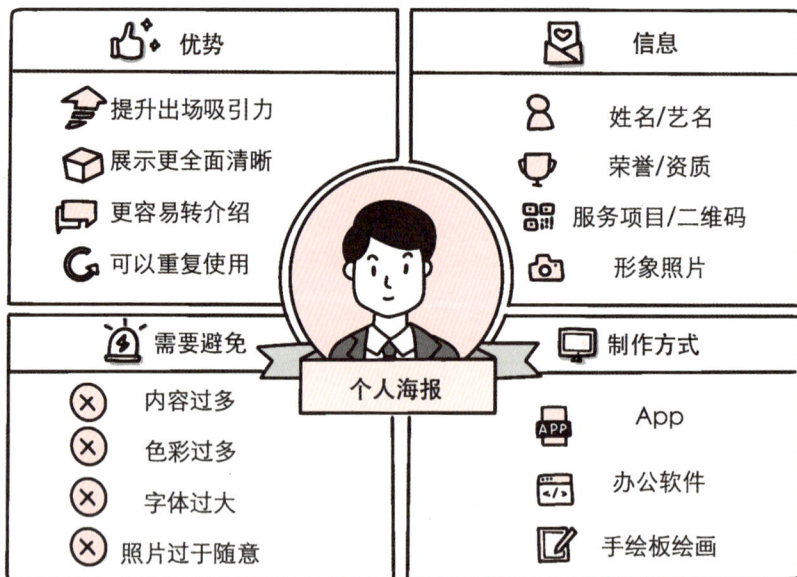

优势	信息
提升出场吸引力	姓名/艺名
展示更全面清晰	荣誉/资质
更容易转介绍	服务项目/二维码
可以重复使用	形象照片
需要避免	制作方式
✗ 内容过多	App
✗ 色彩过多	办公软件
✗ 字体过大	手绘板绘画
✗ 照片过于随意	

个人海报

20

（1）个人海报的优势有哪些？

个人的专属海报有什么作用？首先，可以提升出场的吸引力，文字会让人看得更清楚；其次，文字可以更为清晰、全面地展示个人特点；再次，是容易转介绍；最后，可以重复使用。

（2）个人海报需要包括哪些信息？

第一要包括你的姓名或者你的艺名；第二包括你的荣誉和资质，还有你的服务项目介绍或者你的二维码（这个二维码可以是个人二维码，也可以是公众号的二维码，也可以放服务项目的二维码），可以定期更新；最后是你的形象照片。以上四点为必要信息。此外，还可以根据个人喜好加入一些比较关键的信息。

（3）制作个人海报需避免的问题有哪些？

首先是避免内容过多。需要挑关键信息放置于海报上，明确中心思想及个人想表达的主题，切忌文字堆砌。

第二是避免色彩使用过多。简单的颜色使用更能凸显高级的质感。

第三是避免字体过大。为保证主题突出，可在关键点加大字体，其余部分清晰即可。

最后是切忌照片过于随意。海报上的照片代表了个人形象，也展示了个人审美。类似生活照这种是不可以放在海报上的，美观又专业的照片才能更好地展示出个人魅力。

（4）如何制作个人海报？

制作海报的主流方式有以下三种。

第一种是利用 App，优点是操作简单，提供多种模板，操作者只需要修改即可完成专属模板定制。

第二种是利用 PPT 办公软件，优点是可以根据喜好实现个性化操作，不会束缚于软件自带模板。

第三种是如果自己会绘画，可以用手绘板做成图片。

（5）个人海报制作攻略

①利用App制作个人海报

首先，需要下载App。推荐的有稿定设计、创客贴设计等软件。这些软件电脑网页版也可以操作。以稿定设计为例，里面有非常多的海报模式可以使用。在搜索框输入人物介绍四个字，点击搜索，里面就会出现非常多的个人介绍海报和课程海报。

其次，在挑选海报模板的时候一定要注意，主题色不能超过三种，简单的配色更能凸显高级的质感。

最后，在选中模板后，可以继续修改图片和文字部分，将图片、姓名及标签均换成个人信息。这样，最基本的个人海报就已经制作好了，点击右上角的保存，就可以把个人海报保存在个人相册当中，随时拿出来使用。

②利用PPT制作个人海报

PPT作为常用办公软件，操作起来也很简便。下面就介绍如何利用PPT制作出心仪的海报图片。

第一，将图片调整为适合手机大小的尺寸。在设计模块中，选定幻灯片大小选择自定义大小，将横向改成纵向，再选择一个宽屏，比例就调整完成了。

第二，将已选定的海报图片复制粘贴进来，作为参考。同时可以调整背景颜色利用取色器或者颜色设置，都可以更换为自己喜好的颜色。

第三，插入头像。我们经常会看到大家使用的都是圆形或椭圆形的头像，它是怎么做出来的？我们先插入一个形状，形状这里选一个圆形，也可以是椭圆。如果右边没有对话框不要紧，我们选圆形右键设置对象格式，这个时候它右边就有这样的对话框。这里默认是纯色，我们把它改成图片，把之前准备好的图片放进去。

第四，放置海报内容。插入文本框及形状，将自我介绍内容及二维码粘贴过来。需要注意文字排版的美观。

第五，插入 logo。以插入图片的方式即可完成。如果想将 logo 背景变为透明色，可以使用图片工具中的抠图背景选项选择设置透明色。点一下白色地方，白色就会变为透明色。

这样海报的制作就基本完成了。

最后，介绍一下将海报导出为图片的方法。尽量避免使用截图的方式，因为清晰度会大打折扣。这里推荐 iSlide 插件，导出图片的清晰度很高，可以自行搜索官网下载。插件安装完成后，再打开 PPT 就多出这个工具的选项，可以帮助导出图片。先选择幻灯片，再调节宽度进行导出。

PPT 制作包含很多拓展内容。例如图标，在个人海报里插入保险相关的图标，可以增加画面的趣味性。还可以根据喜好更换背景图片，增加海报的个人风格。

此外，如果用 PPT 制作海报时，存在抠图需求，可以登入"稿定抠图"网站。选择上传图片，再选择人像模式，可以自动对人像进行抠图，完成后点击下载，选择 PNG 格式，即可得到没有背景的图片，用于个人海报制作。

利用工具制作海报并不难，但想要有一张美观有特色的海报，需要不断修改和调整。一个令人惊艳的开场，需要足够的耐心和时间去获得。

用 40 分钟写出
打动人心的个人品牌故事

很多人对于品牌的认知还仅仅局限于企业在各路媒体上投放的形象广告，或者高端人士的个人背书，认为品牌离自己很遥远。事实上，品牌与我们每个人息息相关。

如果让你在从事行业中选出三个标杆人物，你会想起谁呢？为什么会想起他们呢？你在有限的范围内看到了他们、听说了他们、了解了他们，并且愿意走近他们甚至跟随他们，这就是传播的力量，也是个人品牌影响力的体现。回到自身，为什么没法让别人听到我们的事情呢？这就是个人品牌故事的影响还不够大、不够广。

1. 个人品牌故事的必要性

品牌故事在日常工作中十分重要，其必要性主要体现在以下几个方面。

第一，在与客户的交流过程中，可以有条理地解答客户的疑问。

在从业过程中，客户大多会问：为什么从事保险工作？为什么选择某家保险公司？为什么选择这样的行业？

品牌故事可以帮助你更好地构思答案。在大众的认知中，保险涉及人性、理赔、风险、心理等，是很有挑战的行业，客户会更为谨慎小心。

此外，客户还会对保单的售后服务有顾虑，会担心如果你在一家保险公司中做不长久，自己的保单无法享受优质的后续服务。这些问题会一直在你的职业生涯中周而复始地出现，梳理好自身的品牌故事，才能更好地开展业务，提高客户的信任度。

第二，在发展和培养团队的过程中，品牌故事会帮助你提升自身的领导力。

在组建团队的过程中，如何说服优秀人才跟随你，是一个需要深入思考的课题。优秀的人才通常不会被夸夸其谈的承诺吸引，他们更看中的是个人魅力和闪光点。这些都可以在品牌故事中构建出来。

第三，清晰的品牌故事也可以帮你回应家人的关心。

在选择保险行业时，家人会对你的工作情况十分关心，如办公环境、合作伙伴、工作收入等。这时，一个清晰的品牌故事可以让他们了解你的自我认知与规划，解决你的后顾之忧。

第四，在社交环境中，能更好地展示自己的专业性。

当客户等人问：从事什么职业？你最有成就感的事情是什么？你最自豪的事情是什么？这时，事先准备好的个人品牌故事可以帮助你更好地展示自己，轻松回应提问。

上述列举了品牌故事可以应用的场景，那个人品牌故事可以从哪些方面帮助业务提升呢？

首先是沟通效率的提升。对于保险行业来说，沟通是最重要的技能。可以想一下你每次在向其他人介绍保险行业时，所花费的时间和对方接收的信息是否成正比。沟通效率的提升可以帮助你更好地拓展业务。

其次是品牌故事可以与个人海报相结合，个人海报上可以放置二维码，海报可以表达的内容是有限的，但可以通过二维码来提升内容的延展性。例如，将个人品牌故事的二维码放在海报上，就可以更加全面地展示自我。

2. 个人品牌故事的写作方法

那么个人品牌故事要如何完成呢？我们可以用一句话概括——"一文解我心"。品牌故事不需要多么华丽，需要记录的是你选择保险行业的原因、你的思考过程、个人成就等。它能够把你内在的想法解读并讲出来。

接下来分享两种品牌故事的写法。写品牌故事有很多个角度，或者是写过去的成长史，或者是写在行业中的成长变化，或者是写你的业余爱好等。

第一种是针对过往经历的自我复盘。里面包含的都是真实的信息，不用华丽的技巧，只是简单地将自身的成长经历和职业生涯转化为文章。这种类型的文章严格来说并不算纯粹的个人品牌故事，因为没有太多打动人心的关键点，但可以帮助你更好地回顾自己的经历，更真实也就更真诚。

第二种是以第三人的视角来描述个人，转化为品牌故事。这种是针对个人成长的经历做提炼，相对来说比较完整。文章主要是对个人的定位、学习、成长包括团队等进行描述，从第三方视角看待个人以及背后的团队或者行业，相对来讲比较客观。文章的基调可以偏理性客观，也可以更动心动情，主要视写作的侧重点来进行调整。

上述的两种文章都是从人物采访的故事延展出的品牌故事，里面包含着对行业的理解。这两类文章同样是写个人的故事，但是有很大区别。**第一种侧重于个人经历，以及自身的成长，要加强情感的表达，更容易让人产生触动；第二种倾向于针对自身特质、业务模式、工作能力等做**

提炼，比较理性。 除文章内容外，两种文章的排版和标题也各有不同，这也是不同文章风格的一种体现。

那如何针对个人品牌故事进行精进呢？

第一，要审查故事的记忆点，记忆点越突出，品牌故事就会越打动人。

第二，就是在内容不做大调整的基础上，通过写法和排版的优化，提升文章的阅读性。下面我们看一个品牌故事修改的示例。

一个保险人在构思品牌故事的时候，非常详细地记录了从事保险行业之前的工作，自己选择保险行业的原因，以及从事保险行业后的变化。这就是上文提到的第一种文章，是非常写实的手法。

那如果要提升文章的趣味性，我们可以挖掘出他经历中的闪光点。比如：他在之前做船舶建造设计时，对于成为领域内的专家有着梦想和坚持，可以提炼出他是个很有耐力、很能坚持、崇尚专业精神的人。同时他还提到自己在岛上写毛笔字、练字、看书等过程，说明他虽然年纪轻轻，但是很有内涵，性格也很淡定。在追求梦想的过程中，工作再苦再累他都能坚持，但最后由于行业的发展现状，自己不得已选择了转行。这就是针对他之前的工作经历提炼出的个人特色。

那说到选择保险行业的原因，这里也有几个可以精进的点。 比如他是因为来听课可以送衬衫，才答应同学来参加培训的。这里衬衫就可以作为一个关键点去沟通。在向他人进行个人品牌传播的过程中，可以配上衬衫的图片，同时将文字放大，就可以形成第一个记忆点。

第二个记忆点就是关于他来听课的心理，这里他提及如果有疑似传销，马上就撤。这也是很多人对于保险行业的认知，所以这一点是可以引起心理共鸣的，可以放大去讲。

第三个记忆点也是一个反差点，是说他来参加培训包括入职后，发现身边同事的素质和能力都很突出。保险行业不仅仅是卖产品的，更多的是唤醒人们的风险意识，让人们可以坦然面对风险，积极做好风险防范。保险人也不仅仅是一个销售，更会涉猎教育、活动策划、营销讲师等方面。这也是让人们对保险行业加深认知的关键点，可以展开来讲。

这篇文章的写作内容足够完善，描述也十分真实。但是从品牌和传播来看，它缺少了品牌传播力。在内容大致不变的前提下，通过优化表现手法，梳理关键词和结构，将一篇内容要素过多的个人品牌文章梳理优化，就可以更好地带动读者的情绪，引起大家的共鸣。这就是品牌和传播的力量。

品牌故事的写作不是一蹴而就的，是需要长时间去训练和强化的。日常生活中，需要让输出成为习惯，记录自己的成长故事，才能在社群中及线下表达时更有效地展示自己。

3. 个人品牌故事的用途

个人品牌故事怎么用？一般来讲有四个用途。

第一个是在客户转介绍的时候应用。在客户转介绍的时候，客户可能会对如何介绍你产生困扰。这时如果你有自己的品牌故事、个人海报以及自我介绍，可以将三个版本一同发给客户。客户就可以根据需要发给其他人，便于操作。

第二个是拓展社交圈时使用。在认识新朋友时，品牌故事可以帮助他人更好更全面地了解你。

第三个是做团队时使用。在和创业沙龙的优秀伙伴交谈时，个人品牌故事会帮助你更快地打动人心。

第四个是可以在见客户的时候使用。如果与客户约好下午见面，可以提前将品牌故事发给客户，帮助客户提前了解你的情况。这样在见面时可以省去一部分自我介绍的时间，能更专注于解答客户对保险和财务规划的困惑。同时在面对新客户时，提前发送品牌故事相当于提前见面，让他提前了解你，交流事半功倍。

4. 个人品牌故事的内容和框架

人是一种很感性的动物，因此，讲故事的方法很容易引起对方的共鸣。一个好的个人品牌故事不仅可以让对方共情，还能将你的个人和品牌内容生动形象地传递给对方。那么，我们如何创作一个喜人的个人品牌故事呢？来看看下面这幅图。

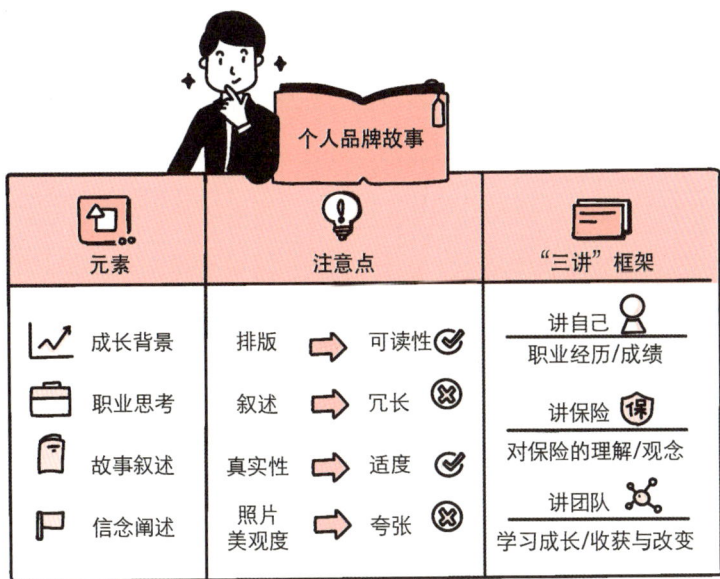

（1）**个人品牌故事一般来讲包括几个元素，也可以根据自身特点进行调整。**

第一个是个人的成长经历和成长背景，要告诉大家自己的经历。

第二个是关于职业的思考，例如怎么看待职业的永续经营，怎么看待保险行业，怎么看待行业中的机会等。

第三个是故事叙述，如因为一个故事引发对保险的思考等。

第四个是某种信念的阐述，比如你基于一种什么样的信念或者信仰选择保险行业。

在写品牌故事的时候同时要注意以下几点：第一点是排版，可以增加文章的可阅读性；第二点是叙述，要避免冗长；第三点是真实性，个人的包装和品牌化要适度；第四点是照片的美观度，可以放置入行前后的对比图，但选择图片时要注重美观，且照片应当与真人相符，不能过分夸大。

（2）个人品牌故事的框架设计应体现"三讲"。

品牌故事的写作方式是多样化的，如何让他人动心、如何增强差异性等，都需要在写作中结合实际情况考虑。一般来讲，写作可以选择不同的维度，比如说选择大于努力维度（这是行业中经常讲的），还可以谈谈自己的苦累史、辛酸史，或者谈谈自己的拼搏精神，可以谈谈成功经验，还可以讲讲爱情故事，或者讲讲风险故事。这些都可以。

那这些维度到底要怎么写呢？在创作品牌故事时不要局限于文笔，真诚才是最重要的，要诚实地将内心的想法呈现出来。通常品牌故事也不是一步到位的，会有多个版本，应用于不同的社交圈，但首先需要建立起第一个版本，才能延展出之后的版本。

接下来给大家讲解一下品牌故事的框架，通过这个框架来解读品牌故事的写法。

对于刚入行的新人来说，品牌故事通常包含"三讲"，也就是讲自己、讲保险、讲公司或者团队，目的是让对方看到一个真实的自己，告诉对方自己转型的原因，表达自己的价值观，获得对方的共鸣和认可。对于陌生人来说，"三讲"可以建立起立体的初步印象，所以写品牌故事一个最简单的方法就是把"三讲"延伸为文章。

第一部分是讲自己，先讲自己过去的职业经验以及取得的成绩。转型前的工作经历都是宝贵的财富，在上一份工作中取得的成绩可以成为经历的背书，是自身能力的体现。例如你过去做了两年多的外贸，它属于销售工作，同样和形形色色的人打交道，需要良好的沟通能力和协调能力，这在保险行业中也是必不可少的。在把这段经历写入品牌故事时，就可以更好地展示个人能力。再讲自己为什么会加入保险公司。这里讲转型故事一方面为满足客户的好奇，更重要的是与客户产生共鸣。有人加入保险行业是因为身边人或者家人生病，让自己意识到保险的重要性，认识到这份工作的使命感。还有人是因为看到了保险行业巨大的发展前景，相信这也是大部分人选择投身保险行业的原因。有人被团队有魅力有才华的人吸引而来，希望在这里不断学习成长，追求进步，变得越来越好。这里的原因因人而异，但要展示自己真实的经历。

第二部分是讲保险，讲自己对于保险的理解、观念的转变等。例如过去认为保险是"骗人"的，来到保险行业后发现，保险只是转嫁风险的工具和杠杆。

第三部分要讲团队和公司，主要突出自己在团队里的学习成长和收获改变。最好以数字形式展示收获，可以让人更直观地看出你的成长。

个人品牌故事框架构造，确认框架后，再填入自己真实的经历和成绩，一篇个人品牌故事就完成了。方法的学习只是一部分，更重要的是实际的操作和锻炼。理论与方法相结合，才能更高效地应用在工作中，提升沟通效率。

简单4步，
让你迅速打开保险话题

如何更高效地拜访客户，了解客户？其实，我们见客户主要有三种方式：一对一和客户见面，参加一对多活动，或者在微信上进行交流。

无论是跟客户见面沟通还是电话沟通，最开始的三分钟都是非常重要的。一旦被拒绝，就没有谈话的基础了。所以，如何设计开场白，从哪里开始导入就非常重要。

实际上当我们越来越了解客户，越来越关心客户，越来越关注他需求的时候，就会知道你眼前的这个客户到底最喜欢什么。他的形象会鲜活地展示在我们面前。有了立体的客户形象以后，你该跟他聊什么话题导入，就已经表现出来了。接下来就是有关话题沟通的内容和方式的选择。在这节课中我们会讲用文章的纬度打开与客户的交流。

1. 四步拉近与客户的距离，达成成交

每一个客户背后的关注点都是个性化的，没有办法提前准备好文章再发给客户，只能是学习方法找到思路。当我们面对客户不同需求的时候，在脑中快速反应，将收集的文章和素材通过重新整理和诠释，呈现到客户面前。

在日常工作和生活中，要养成随手收集素材和话题的习惯。比如保

险是解决医疗、教育和养老的问题，那么我们就要在健康、亲子亲密关系、人口红利等方面拥有相关的素材和文章储备。

如果我们要更关心客户的生活状态、兴趣爱好以及职业理财等方面，我们就需要在这三个话题里准备好素材。当我们养成随手收集、收藏、整理和运用素材内容的习惯时，就可以实现和客户的有效沟通。

从专业化的销售流程来看，跟客户聊天有四个步骤，见下图。

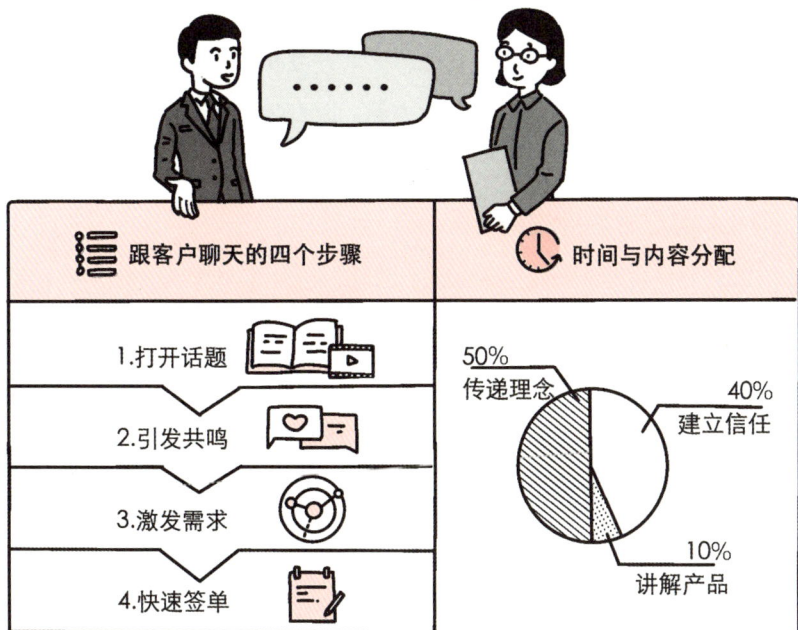

第一，**打开话题**。不管是通过一本书还是一部电影，都是打开聊天的可选方式。当客户和你聊天时，会从话题中产生共鸣、回忆、展望或心得体验。

第二，**引发共鸣**。有了共鸣以后，他的需求就会被激发。

第三，**激发需求**。在引发话题和引起共鸣后，就非常容易促进客户和你谈谈保险规划，而且在客户心目中，是当下急迫的、必须要做的一份规划。一旦深入去探讨如何规划，这才激发了客户真正的需求，才会延伸出后续保险计划设计等工作。

第四，共识签单。 所谓"成交"，实际上是你和客户达成共识后的结果，客户充分理解了自己的需求，认可保险方案后，就会顺利进入签单环节。

2. 如何用话题为客户引入保险知识

保险主要是为了帮助大家解决医疗、养老和教育等问题，因此，我们也可以从这三个贴近大家生活的方面，以日常相关的话题、案例等来开始与客户的聊天。

（1）医疗方面的素材

第一个是讲 2015 年上海的质子医院，出院率非常高，但所有治疗费用不能通过社保报销。很多公司的医疗险、重疾险是可以报销一部分的。如果真的发生了某种疾病，需要到一些类似的医院去做治疗的时候，即使社保不报，至少通过医疗险是可以报一部分的。这样即使是普通人、经济条件一般的人，也可以得到相应的医疗。

第二个是社保与商保的区别，这属于保险行业基本功，但有时跟客户讲了后他未必能够听懂，这时需要让客户重温一下。可以直接发一篇文章给他，让他再仔细看一遍，这就等于口头交流的内容再利用文字强调一下。这种方式可以有效地补充与客户口头沟通时的不足。

第三个是一篇通用的文章，讲讲一个人的人生中遇到风险该怎么抵抗。这是属于观念问题的叙述。在日常生活中，会遇到很多优质的文章和知识，里面可用的观点和结论要能脱口而出。比如：赚钱是一阵子的，花钱是一辈子的；风险不可低估；与其担心保护不到，不如转移风险；你是单位的草，却是家庭的天等。你要将其中重要的部分传达给客户。

第四个也是一篇有关医疗的文章，但是描述方式不太一样，会传递出一种故事的叙述感。这篇文章写的是被普通人思维毁掉的年轻人。文章里讲到很多的年轻人没有风险的意识，这是典型的普通人思维。还讲到因为无法预知意外与明天哪个先来，只有做好两手准备，才能更好地面对风险。所以，这篇文章从另一个角度去诠释风险认知。如果"没有风险"就不买保险，即便手上有储蓄，仍然是风险贫穷。

（2）养老

养老规划对每个人来讲都是重点，仅靠社保来养老，是不足以支撑整个家庭未来稳定生活的，所以一定要通过商业保险的年金险来解决，而不是通过投资来解决。关于养老的素材，我们可以将自己的想法梳理出来，在与客户沟通中反复使用。养老不止关乎我们自己，许多国家都面临着高龄化和老龄化，全社会的人在经济、心理、疾病等方面都面临巨大挑战。

（3）教育

多数人在有了孩子后，会投入大部分金钱用于孩子教育。财产教育不只是钱，首先是要有理财的智慧，就是让孩子和大人了解其能力。其次，财产教育其实就是教会孩子正确认识金钱并正确花钱。如果可以熟练背诵文章中的文字和观点，就可以清晰地将观点传达给客户。此外，还可以利用名人效应，例如很多名人对财产教育都十分重视，就会有一些客户受到明星效应的影响，也去培养孩子正确的金钱观念。

学习理财知识并不是一蹴而就的。像"进击的阿秀"里有一篇文章讲，要评估自己的风险承受能力，不要在自己承受能力范围之外投资。同时，务必要学习理财的知识，好好工作，不要在理财上过多浪费的精力。

接下来说年金保险。

有一篇文章讲的是创立了斯坦福大学的斯坦福夫妇。他们在创业的艰难时期经历过很多事情，最后是年金险让他们度过了那个非常危难的时期，多亏斯坦福生前给自己购买了保险，通过年金险的方式他的太太每年可以领取一万美金的年金。我们可以通过这些全球知名的人物故事，让我们的客户知道年金险的重要性。

此外，我们可以借鉴全球的名人名言。比如，查理·芒格有很多经典名言："一个人的成功不是偶然的，时机固然很重要，但是人的内在品质更重要。"查理·芒格曾经讲："直面自己的大问题，别让它们藏起来。"很多人觉得在保险行业前行很困难，这说明我们并没有清晰地认识到自己目前的问题在哪里。如果能够直面自己的缺陷、短板，或者需要改善的地方，同时欣赏自己的长处，重新设计我们在这个行业里面的生存方式、客户的沟通方式以及一些习惯的养成，重新设定目标，很多事情会迎刃而解。

还有篇文章我非常喜欢，这篇文章当中讲了关于复利的 10 个秘密。虽然说勤奋是一个人成功的必要条件，但不是唯一条件。这篇文章中谈到了关于财富、学习、资源等纬度的复利。我认为非常适合我们当下给自己做一些非常警醒和清醒的回顾。在做业务时不要心急，慢就是快。不只针对保险人，对客户也是一样的。很多客户在做投资安排时会不切实际地希望一夜暴富，所以对于他们来说，保险的复利好、投资风险低这些优势，吸引力是比较低的。所以在与客户沟通时，把所有客户可能产生的问题，对于保险的慢或对于风险的侥幸，或者对于很多事情的看法，我们可以放到前面来沟通，这样后期的异议就会少很多。

除了前面分享的文章外，在与客户交流时，还可以谈一些保险和风险以外的话题。比如家庭关系，只有家庭和睦了，这个社会才是一个最大的和谐体。记得一位名人曾经讲过："这个时代最高级的炫富是家庭的和睦。"中国有句老话叫家和万事兴，家和万事兴当中有很多诠释和解读，这也可以作为与客户交流的一种途径。

在与客户分享文章时，可以问一下客户的反馈，比如印象最深刻的话。在客户反馈后，可以将这句话记录下来。将来在与客户沟通时，可以提到记录的这句话，有助于客户更好地理解你的想法。

还有个文章是讲情绪管理的。现代人不论是什么地方只要是想要把自己的工作和家庭经营更好的、对自己的成长有期待的，其实内心都是蛮有压力的。所以情绪的管理与我们每个人都息息相关，也可以用之引发客户共鸣。

情绪管理其实就是自我控制以及理性选择的能力。所以情绪管理不是压抑自己的情绪，而是当情绪需要释放的时候，如何调整让自己不脱离正常的轨道。如果我们能够在这个方面有一些积累和观察，当你身边的客户和朋友在倾诉、埋怨或者是沟通最近的烦恼的事情时，我们除了可以和他共情对他进行安慰外，还可以给他们一些建议。

除了上述家庭关系和情绪管理方面的文章，关于家庭财政的话题日常也会经常遇到。这时我们也可以用一些文章与客户沟通，分享文中的一些观点，比如：好的婚姻关系是一定要善于谈钱的，善于谈钱的婚姻才能够真正地长治久安。在组建家庭之初就要开诚布公地交流彼此对金钱的态度和理财观念，才不会在婚姻里面积累过多因为钱而产生的不快，利用自身积累的素材为客户排忧解难。

上文说到的这些文章，不仅要读懂，更要读透。要将文中的观点转化为自己的素材，这样在与客户沟通时可以提高跟客户沟通的质量和品位。

在保险行业中有一句话：见客户要先寒暄，再赞美，然后才聊保险的话题。

很多保险人可能会说一些比较空的开场白，比如你今天穿的这个衣服好漂亮，我好久没见你了，挺想你的，等等。这些无法让客户感受到你的专业度、你的内涵、你的层次。所以，要善用平常收集到的素材和文章，对于基本的医疗、养老、教育等领域，必须能脱口而出一段话，能够给客户发出相关的文章，日常流利也能引用素材。

杰克·韦尔奇曾是美国通用电气的管理者，在一九八几年当企业成为全球第一的时候，他讲过一句非常的经典话。他说："你们知道了，但是我们做到了。"这句话对于保险人也是适用的。在互联网时代，我们见过了太多的视频和文章，但能否利用好它，成为自己与客户沟通的依托呢？在客户提出一个话题时，你是否能立刻找出相关的文章和论点帮助他排忧解难呢？对客户所有的异议，都应该有一堆的支撑素材，马上浮现在脑海中。看过每篇文章的金句都应该脱口而出，并用这些语言跟客户更多地交流。

文章使用也有多种方式。第一种用法是与客户见面的时候，先和客户说最近看了一篇很好的文章并发给客户。在他浏览文章的时候，双方可以基本不沟通，在客户看完后，我们可以交换心得，询问对方的启发或者分享自己的心得，都可以帮助你提升与客户的沟通效率，了解客户的想法。

第二种用法是可以在不同的微信群中，借讨论的话题推送相关的文章。比如大家正在讨论养老或者孩子的话题，就可以在素材库中搜索匹配的，发到群中一起讨论，沟通想法和心得。

第三种是可以在给客户的计划书中加入延伸阅读的二维码。这样客户在看那些冷冰冰数字的同时，还可以延伸看到这篇文章在计划书背后的支撑观点，这对客户的理解是很有帮助的。

第四种就是自己的素材库更新。当看到经典文章时，要把其中的金句背下来，然后将文章的链接收藏到微信朋友圈。定期整理收藏夹，建立分类标签，也可以把文章放到笔记或是相关文档中。值得收藏的文章要经常查看并背诵下来其中经典的语句。除了收藏外，还要经常使用，如果发现有更好的类似素材可以替换，就可以进行更新迭代。这样你的素材库才可以跟上时代发展，与时俱进。

收集文章和素材要成为每天的工作习惯，这样在和客户聊天时，才可以快速进入一篇可以进行具体探讨的文章中，这就是专业化表达的体现。

那在日常的保险经营中，如何进行时间分配呢？从认识客户直到最后签单，时间如何切换，讲解的内容和比例如何分配的呢？

50% 是在传递理念，影响彼此的思维。这里不只包括客户的思维，自己和周边同事的思维也要打开，可以学一些突破性的思维来改变自己。40% 是建立信任，这种信任与专业化的沟通是密不可分的，也与自己的为人处世以及我们的外在以及内在等密不可分，这是维护客户关系很重要的环节。10% 则用在讲解产品，明确客户在做这个规划时，他的保险责任、权益以及未来可以得到什么服务。可以说，我们的时间分配在哪部分，哪部分的效果就会更好。

第 2 章

6 个必备的专业技能，赶超 90% 的同行

用"家系图"
画出客户的美好人生

保险名家的成功密码：用IP思维做专家式成交

"家系图"是从家庭结构来描绘一个家庭亲密关系、家庭历史的图。作为一个保险顾问，需要将之作为工具，要针对客户需求提供专业服务。

1. "家系图"如何画

家庭保单是要以三代人或者是两代人的需求来真正转嫁全家人的财务风险，堵住风险缺口。下面将用案例演示如何画出"家系图"，以及如何应用它找到家庭的需求以及风险所在，让客户认可你的专业方案，从而做好家庭的保险规划。

Lisa 的家庭成员有丈夫、女儿、儿子，以及孩子的奶奶和外公。她和丈夫之间有一些矛盾需要调和。

第一，理财方面的分歧。Lisa 的先生名下有两套房产、一家企业，还投了一些股权。但是她的丈夫偏好高风险高回报的股票投资，而 Lisa 偏好稳健型投资。

第二，养老之间的分歧。孩子的奶奶一个人生活，她的丈夫就想接过来一起居住。但是 Lisa 的爸爸也是一个人居住需要照顾，他们无法一起生活，这也是一个矛盾。

第三，购买保险的分歧。Lisa 一直想给自己买保险，但是她的先生却想优先给女儿和儿子买保险。

那么，我们如何根据上述案例给客户制定出适合她家庭的保险规划方案呢？

首先，我们先将客户的"家系图"绘制出来，看一看她的家庭构成有什么特点。"家系图"可以使我们高效、系统、完整、详尽地了解一个家庭的结构、关系和每个人在家庭中的作用，能高效了解信息。

"家系图"如何绘制呢？

我们要遵循以下原则：一般包含三代人或以上，长辈在上，晚辈在下；同辈中，长者在左，幼者在右，依长幼顺序排列；夫妻中，男在左，女在右。详见下图。

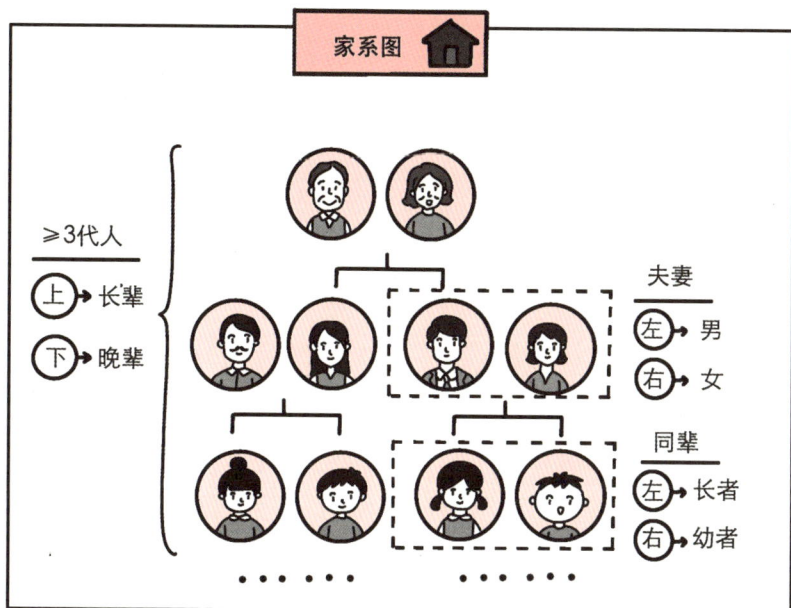

下面是"家系图"绘制中，一些常见的图标，见下面两幅图符号1
和符号2。

社工常用家庭结构图符号1

男性

女性

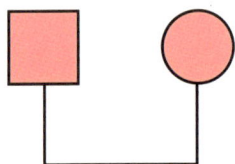

婚姻关系

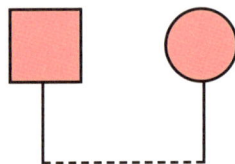

未婚同居

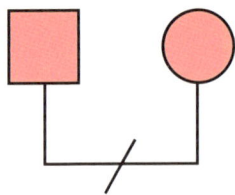

分居

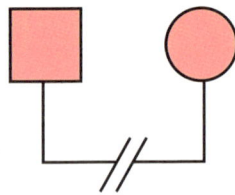

离婚

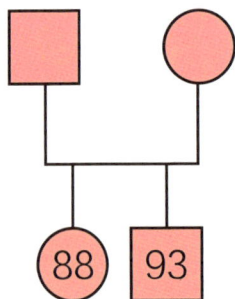

孩子的
出生顺序及年份

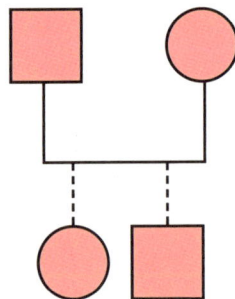

领养的子女

社工常用家庭结构图符号2

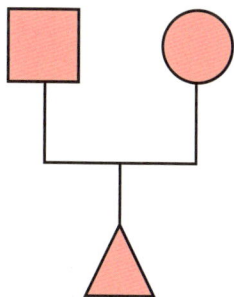

男性

女性

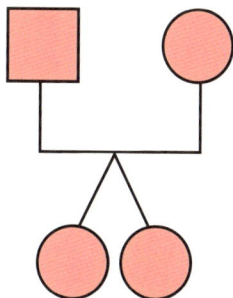

怀孕

双胞胎

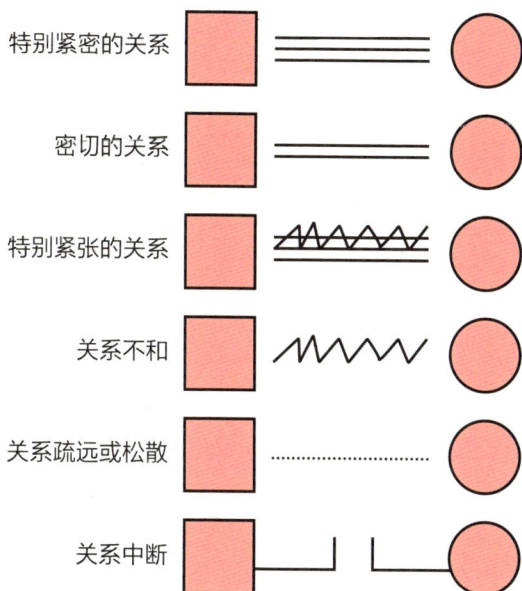

特别紧密的关系

密切的关系

特别紧张的关系

关系不和

关系疏远或松散

关系中断

Lisa 今年 38 岁，她的先生 41 岁，女儿 7 岁，儿子 4 岁，孩子的奶奶是 75 岁，外公是 81 岁。结合案例中的信息，Lisa 的"家系图"如下。

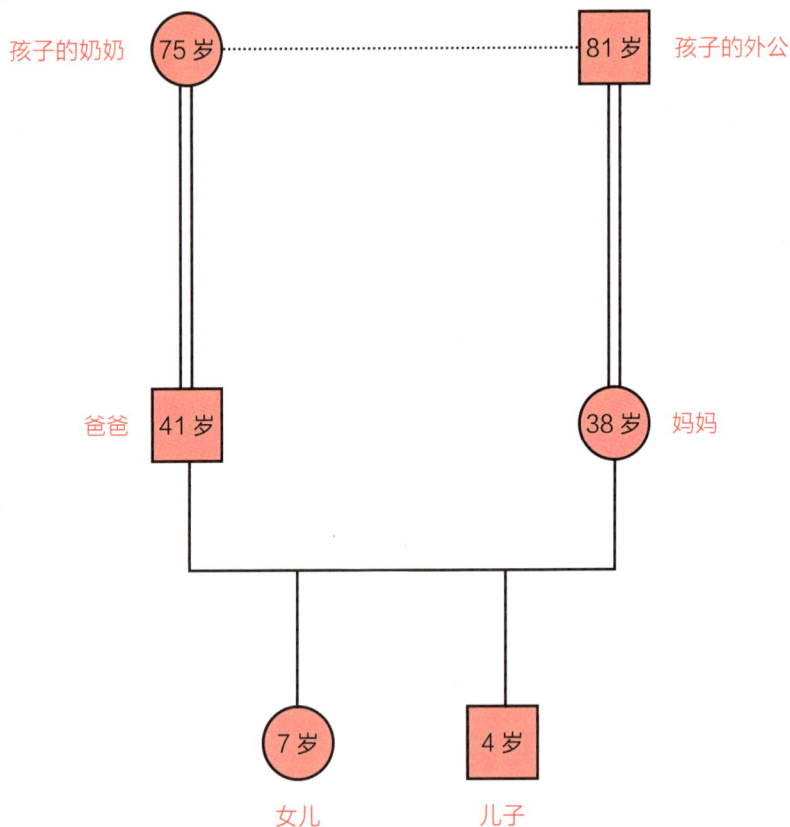

孩子的奶奶　75 岁 ⋯⋯⋯⋯⋯ 81 岁　孩子的外公

爸爸　41 岁　　　　　　38 岁　妈妈

7 岁　　4 岁

女儿　　儿子

在"家系图"的帮助下，我们能够通过客户的正常家庭结构，来延展保险保障的规划。方案的制定可能无法一步到位，但是通过"家系图"和方案的结合，可以找到中间的风险点、每个人的关注点以及最后要达到的保障点。客户会对我们的专业度有所了解，信任度也会提升。

把"家系图"画出来后可以发现，首先由于两位老人年龄比较大，大部分保险都已经无法投保。Lisa 和她丈夫是家中的中流砥柱，都需要寿险、意外险和重疾险的保障。由于两人均有一定负债，是需要通过寿险和意外险来对冲负债的。但是，丈夫身上还承担更多自己企业的压力，他更关注自己的高风险，以及如何能够打理好两代人的家庭和对老人的关爱。夫妻两人的侧重点不同，自然在意见上会有分歧。

2. 三个简单问题赢得客户的信任

其实在债、税、法、婚姻当中，都可以用专业保险方案应对人生的各种风险。在对一个客户不够了解的情况下，如何通过三个简单的问题赢得客户的信任呢？

第一个问题：在"人生事件图"中，您最关注什么？

第二个问题：您现在的家庭成员情况是怎样的？

第三个问题：这是为您设计的财务风险隔离方案，您看看如何？

通过这三个问题，我们能了解客户的家庭情况、财务情况、健康状况以及对家庭的心愿。通过这些信息，来完成针对性的规划方案。下面来看一下具体操作步骤。

以客户 K 女士为例。保险代理人可以把"人生事件图"（见下图）展示给客户，并需要关注客户反馈最关心的点，是家庭结构的改变，还是事业发展的变化，或者居住环境的变迁等。K 女士的回答是关注家庭结构的改变，然后可以详细询问客户的具体情况。

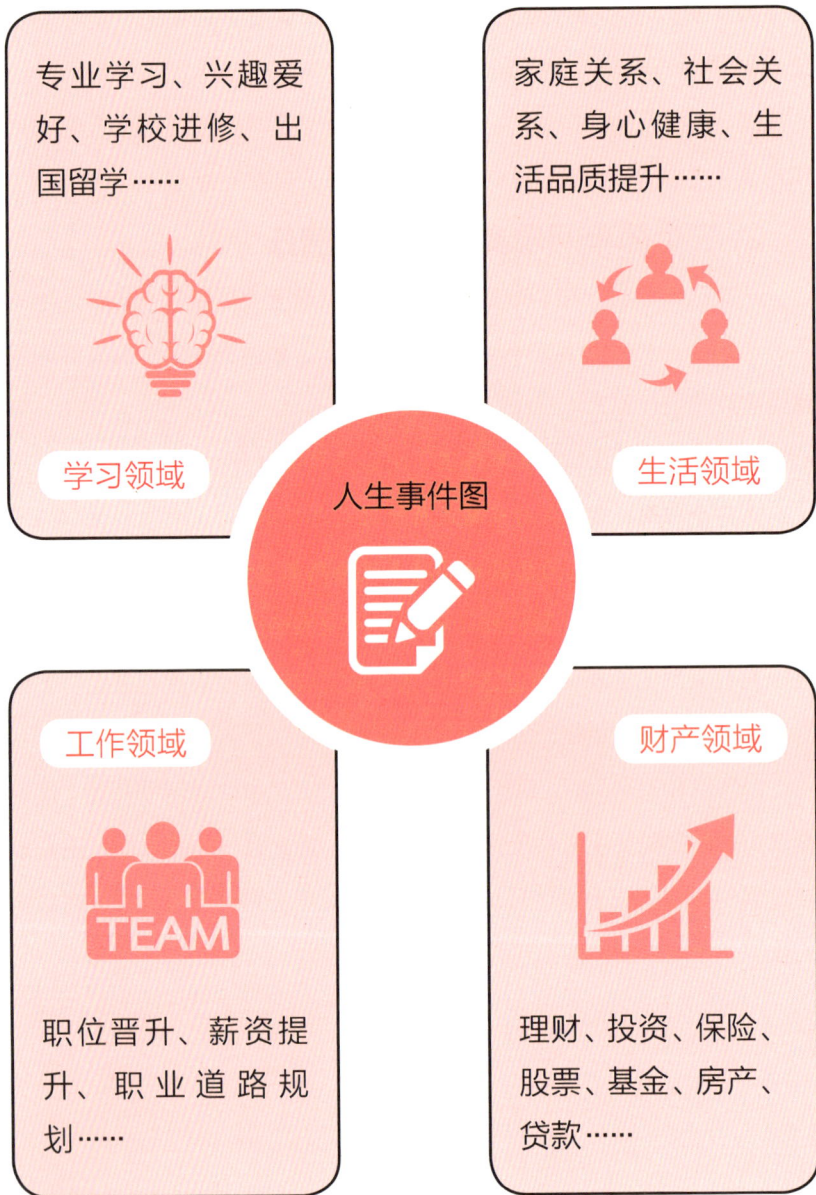

专业学习、兴趣爱好、学校进修、出国留学……

学习领域

家庭关系、社会关系、身心健康、生活品质提升……

生活领域

人生事件图

工作领域

职位晋升、薪资提升、职业道路规划……

财产领域

理财、投资、保险、股票、基金、房产、贷款……

48

这就进入第二个问题，了解客户的家庭成员结构，包括先生的职业、孩子的年龄、父母的状况等。下面我们来了解一下客户 K 女士的基本情况。

客户 K 女士今年 41 岁，她的丈夫 44 岁，夫妻二人与公婆同住。K 女士自己的父亲早年过世，母亲仍在老家居住，因身体不好，K 女士计划将母亲也接来深圳居住。他们有一个孩子，今年 14 岁。

K 女士的老公名下有一套房，股票账户中有百万资产，但近五年一直亏损。丈夫还有个人借款两百万元，风险由个人承担。K 女士名下有两套房产，但有 400 多万元的贷款，此外自己还有一些存款，每年的节余约有 50 多万元。另外，所在公司每年会有不定额分红。孩子在国外上中学，每年的花费是 35 万元，由 K 女士承担。

当我们看到这个家庭结构的时候，大家首先想到这个家庭当中最大的风险是什么呢？是借款和贷款还是先生投资激进的亏损？K 女士的薪资还不错，自己还投有股权的项目，所以自己的生活还算小资。除了公司的保障外，她自己以前没有买过什么保险，孩子在国外有基础的医疗保险。

了解到以上情况后，我们要更深入地了解客户的担忧和需求。婚姻的变化与孩子的成长哪个对她来说更为重要呢？

客户表示孩子是她最为关注的。那可以再深入询问她为孩子做出的安排，孩子在国外上学，未来将有 300 万元左右的费用。如果未来有婚姻风险，教育资金也会受到影响。这些就是客户没有深入思考的问题。她对于离婚的财产分割是有盲区的，包括固定资产、借款及存款分割等。基于以上的客户需求，我们需要先帮她做好风险的隔离，为她的婚姻生活排忧解难。

这个保障方案基于上述客户信息进行规划，首先她需要做好孩子的教育保障，为孩子留下教育资金。同时，她也要规划自己的养老保障以及医疗保障。所以方案应由 4 部分组成。

第一，年金险。可以帮助建立与生命等长的现金流，同时将教育金和养老金兼顾，还可以获赠养老社区入住资格。不仅可以保障孩子的教育，将资金预留给孩子做未来的保障，还可以兼顾母亲的养老规划。同时也可以隔离婚姻的风险。

第二，寿险。定期寿险具有"低保费、高保障"的优点，保险金的给付将免纳所得税。可以给她做 200 万元、10 年期的定期寿险，再做一个 100 万元的终身寿险。在有风险的时候，最大程度保障客户孩子和母亲的生活。

第三，意外险。由于她是开车上下班，可以给她增加一个意外险，包含公共交通的保障、普通意外的保障，以及附加的航空意外险。这样可以抵御意外事件发生后所带来的风险。

第四，环球医疗险。考虑到客户每年会有一段时间在国外生活，这可以保障她在国外获得很好的医疗资源，减轻她的财务压力。

每个客户都有不同的情况，由于经济原因、观念原因、隐忧问题、信任问题等，选择的保险产品会有较大差异。关键是规划的方案能否解决客户的财务风险，满足客户的需求，帮助他们得到更高的保障以及更优质的资源。这是我们需要思考的。

通过以上两个案例我们会发现，如果只是单纯地讲解保险产品，对客户而言并不便于理解，而通过"家系图"和客户沟通，可以快速看到客户的关注点，了解他对不同家人的心愿，包括受益人的安排、被保人的安排、资金的安排等。这种方式可以更简单、高效、直接地看到客户的需求所在，针对性地为客户制定规划。

在保险行业中想要获得成功，有以下几个关键点。

第一，我们是否用心去关心客户。

第二，我们是否真正地精于专业。

从事保险行业的底层思维方式与逻辑只有一点，**在专业的理性思考和感性的人文关怀下帮客户解决问题，真正通过保险降低担忧、满足心愿，让未来变得更轻松。**

想用专业的方法解决客户的疑虑，要做到有效学习，学以致用。有效学习分为四个步骤。

第一个步骤是要去参加培训活动，多读书。

第二个步骤是要分享，可以通过朋友圈、微博私信给你的朋友和客户，或者用公众号解说等方式，让自己跟这个客户产生链接，让这个活动跟自己产生链接，让分享的内容跟对应的群体产生链接。分享就是再一次学习的过程。

第三个步骤是转化，可以举办一场小型的活动，也可以在群里做分享，或者选择其他方式进行转化。可以是一对一，也可以是一对多，前期需要做好准备工作，持续开展转化活动。

第四个步骤是复盘，根据客户、朋友或者团队的反馈，以及自己的内化，不断复盘，持续优化。知识的掌握不是一蹴而就的，需要不断内化。比如今天发了朋友圈，后天找客户进行一对一沟通，下月举办微享会，半年后再复盘。这种有间隔的不断复盘可以持续加深印象。

先学习、再分享、再转化、再复盘，四个步骤都完成后，有效学习的阶段才算完全结束。通过这四个步骤可以明确知道，有效学习的标准动作是需要重新设定工作流程和结果标准的。就是说，如果你读了一本书，至少要有所产出，包括读书笔记、传播、分享、复盘等，这才算完成了规划与学习。

从人生周期图中
找出保险大商机

在与客户交流保险的时候，你会谈人生周期吗？

人生有一个周期，5年、10年、20年、一辈子由时间长短不一的周期组成，每个阶段都会有很多的不确定性。在人生周期图中，可以通过横坐标时间轴来看三代人的需求，从时间维度来看待财富规划，见下图。从求学期、创富期到赡养期，每一个阶段考虑的问题都不同。

在横向生命周期中，我们可以看到收入和支出两条线。从赚钱金额来看，可以分为**无能期、创造期和无力期**。从0岁到22岁左右一般是求学期，作为父母，需要给孩子准备教育金，这是第一阶段。第二阶段一般是从22岁左右到55岁，即从毕业一直到退休，是一个创造财富的周期（如果硕士毕业一般是25岁，如果本科毕业一般是22岁）。赚钱会有一个高峰期，然后下降，很多人可能这个坡会缓一点，有的人则可能是直线下降。到退休后，就进入赡养期。

人生的每一个周期对保险的保障需求都不一样，因为收入、消费、年龄等因素，我们需要通过保险来帮助我们抵抗人生中的风险，保障每一个周期其生活水平处于预期的平衡状态，不会突然剧烈下降，从而严重影响生活。

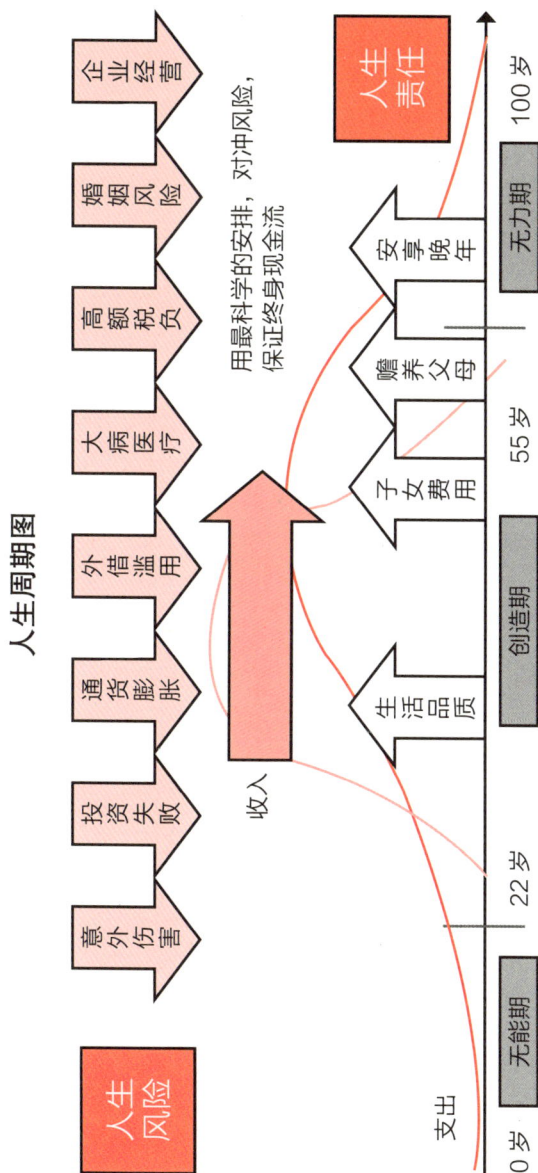

人生周期图

1. 人生风险

人生中存在许多风险，例如意外伤害、投资失败、外借滥用、大病医疗、婚姻风险、高额税负、企业经营等。花钱是一辈子的，赚钱是一阵子的，风险是不确定的。那么，要如何对冲风险呢？

由于客户的年龄、职业、财务情况不一样，关注的风险点也不同。企业主更关注税负、投资失败、婚姻和企业风险。而对于一般的白领等普通大众，相对更关注意外伤害、投资失败、大病医疗、婚姻风险等。

每一种风险都要有对冲的策略。所谓的风险管理，不是指买保险，而是指要有**风险管理的意识**。保险是转嫁风险的工具之一，但不能防范所有风险。

例如：有些风险需要通过税务筹划来对冲；有些风险需要通过婚姻的经营和家庭经营来规避；有些风险需要通过企业的股权、家企混同的隔离对冲；有些需要通过展现人性规避；有些则需要通过保险来规避。

所以，在人生周期图中，客户能站在一个更高、更客观的角度，准确认识到人生中有这么多潜伏的客观存在的风险。但是大部分人都是抱有侥幸心理，只要不发生在自己身上，就认为自己不会遭遇风险。

因此，引导客户正确认识人生中的风险，注重风险管理，制定风险对冲的策略，将风险所带来的伤害转嫁，就是我们专业的表达当中展现客观性和大局观的时候。客户就会醒悟，原来买的不只是保险，人生中有责任，人生中有风险，怎么用最科学的安排来对冲风险，才是购买保险的真正意义。

2. 人生责任

其实大部分人的人生都很简单，赚钱、养孩子、承担父母养老，将来孩子也是一样。随着年龄的变化，将来赡养和养老的问题会越来越集中呈现，见下图。

（1）教育期

如下表所示，3 岁到 22 岁是孩子的教育期，需要储备教育金，储备学习资源，建立家风，给孩子提供一个比较良好的教育和成长环境。孩子是一个家庭"甜蜜的负担"，也是家长的责任。

你可以问问客户：您的孩子将来中学、高中、大学准备去哪里上学，有没有做规划？可能有的客户会跟你说：如果有条件，我会让我的孩子上什么学校或者去哪个国家。

那什么是有条件，是不是指经济条件？既然想有条件让孩子受到更好的教育，请问一下是否有确定的方式来为孩子储备教育金呢？这里问的是，是否有确定的方式储备教育金，因为教育金是不能失败、不能推迟、不能不做的，肯定是不能打折的，更不能用投资来给孩子准备教育金，否则是有风险的。

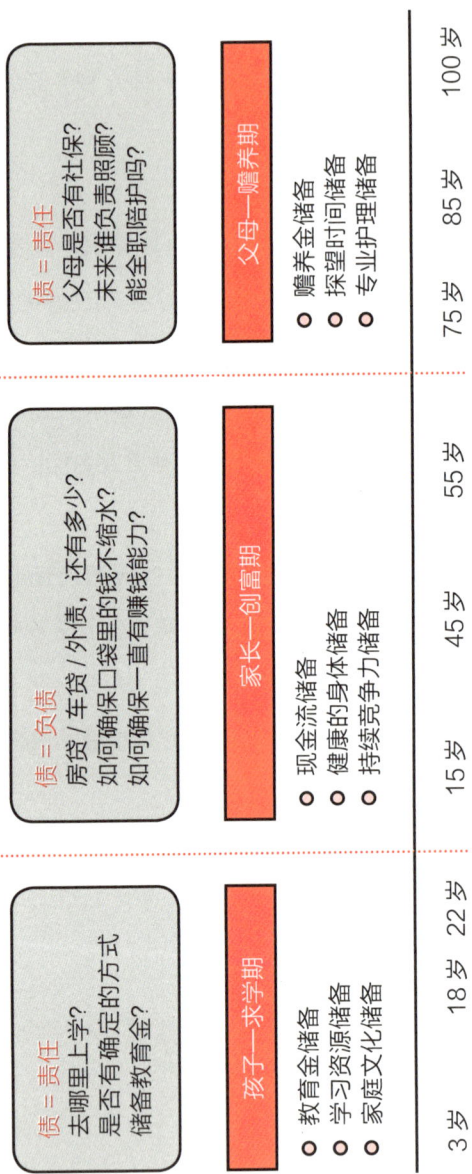

债=责任
去哪里上学？
是否有确定的方式
储备教育金？

孩子—求学期
○ 教育金储备
○ 学习资源储备
○ 家庭文化储备

3岁　18岁 22岁

债=负债
房贷／车贷／外债，还有多少？
如何确保口袋里的钱不缩水？
如何确保一直有赚钱能力？

家长—创富期
○ 现金流储备
○ 健康的身体储备
○ 持续竞争力储备

15岁　45岁　55岁

债=责任
父母是否有社保？
未来谁负责照顾？
能全职陪伴吗？

父母—赡养期
○ 赡养金储备
○ 探望时间储备
○ 专业护理储备

75岁　85岁　100岁

（2）创富期

在创富期，你需要准备充足的现金流、健康的身体，有持续竞争力，这样才可以创造收入。

那在创富期会面临哪些呢？第一是房贷、车贷、外债等债务；第二是要保证现有资产的稳定，这阶段可能会面临借钱不还、大病花销、投资失败等风险；第三是要维持自身的赚钱能力。收入曲线显示，当年龄达到40或50岁时，会面临减少收入的风险。

很多客户会有这样的困惑：我现在可以交10万元的保费或者5万元的保费，以后交不起怎么办呢？这其实就是对未来持续的赚钱能力、竞争力有担忧，我们需要针对性地给客户做规划。在最宝贵的创富期，90%以上的人都是要靠时间创造财富的，只有少部分人可以用其他方式。

在这一阶段，要更多地考虑身体健康，医疗险可以对冲这一风险。万一生病，可以通过医疗险报销；万一得了重疾，可以得到一笔高额赔偿金。万一不幸身故，后事也有一定的保障，有10年工资赔付。

为什么需要这笔大额赔付金呢？因为人生的责任还没完成，小孩还未成年，老人家七八十岁，一旦家庭失去了顶梁柱，可能会让家庭陷入悲惨的境遇。这就是我们要规避的风险。

（3）赡养期

在父母的赡养期，需要准备赡养金，需要时间探望父母。当父母生活不能自理的时候，还需要有专业的护理储备，还需要考虑父母是否有社保，未来父母如果不能生活自理谁来照顾等问题。

这些问题已经非常紧迫了。80年代出生的人已经40多岁了，90年代出生的人已经30多岁了。社会建设的主力已经到了集中需要买保险的时期。随着人口结构的变化，出生人口减少，老龄化加剧，养老问题会越来越严峻。

3. 十五年后的家庭变化

这里用 85 后来举例，85 后正处于 35 岁左右的年龄。从下图可以看出，从 35 岁到 50 岁这 15 年期间是创富的黄金时期，也是做资产配置的黄金时期。

如果孩子现在是 3 岁，这个人目前是 35 岁。15 年后，他 50 岁，孩子才 18 岁，刚好上大学。而他到 50 岁时可能会花更多的钱，为什么呢？首先是要为自己的养老准备养老金；第二是父母已经到了七八十岁，需要赡养金；第三是孩子上大学，需要教育金。花钱的地方有很多，但是赚钱存在很大困难，就会觉得很多事情无能为力。

根据上面的例子，可以一起思考以下三个方面问题：

第一个，孩子需要多少教育金？现在准备了多少？缺口有多少？

第二个，自己未来的养老金需要多少钱？

第三个，父母每年可以领多少退休金呢？身体好不好？

如果父母未来生活不能自理，需要医疗照顾，带来的经济压力也会非常大。假设两个老人一年花 10 万元，两对老人一年花 20 万元。那么，在人生最后的十年，双方的父母需要 200 万元用来生活。请问目前准备了多少？缺口又有多少呢？

最后一个，十五年后，家庭还可能发生什么情况呢？

生病、意外等情况，我们谁都无法保证不会发生。如果没有保险、没有复利、没有终身的现金流，这种大额的资金准备是很难完成的。一定不是只通过保险解决未来的教育、医疗和养老问题，还需要通过资金配置来综合为未来准备资金池。

跨越人生周期，发现保险商机

成员	年龄	需求	目标	准备了多少	缺口多少
孩子	18岁	大学/深造/婚嫁	？万元	？	？
你	50岁	退休准备	？万元	？	？
父母	80岁	赡养/照顾/医疗	？万元	？	？

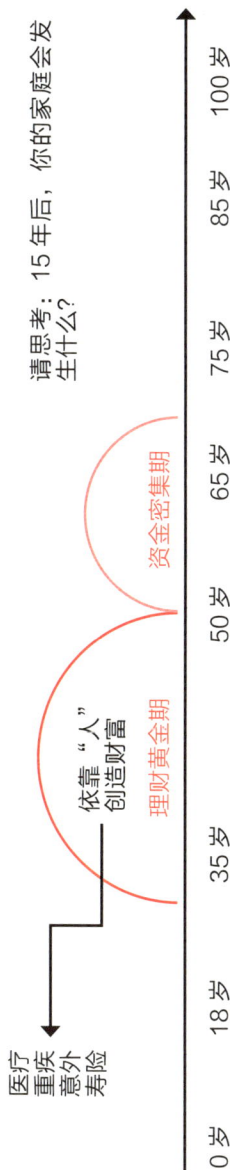

医疗
重疾
意外
寿险

依靠"人"
创造财富

理财黄金期

资金密集期

请思考：15年后，你的家庭会发生什么？

0岁　18岁　35岁　50岁　65岁　75岁　85岁　100岁

所有的财富管理，必须要加上时间才有意义。这个时间包括两个层面，第一是从第一代到第二代，第二是跨越生和死。人生就是一场冒险的旅行，不做好风险管理，就大概率要做危机处理。所以，聪明的保险代理人需要让客户认知到风险的存在，从而对风险管理产生紧迫感。

学会解读
理赔大数据和核保知识，
让客户投保更从容

在与客户沟通时，很多客户可能会说：我很年轻，我不需要保险；保险都是投保容易理赔难；我有保险了，不用再买了等。那这些问题一般通过什么方式来处理呢？保险公司一般会开设异议处理的培训，有专门应对的逻辑。但是客户的异议层出不穷地出现会打击保险顾问的信心，引发自我怀疑。

理赔报告是解决客户异议的关键工具，但经常被忽视。在保险公司的培训中，更多的是关于销售技巧的培训和逻辑的演练，很少会把理赔报告的解读列为一门课程。为什么保险的理赔报告很重要呢？因为客户买保险的原因就是满足理赔需求。理赔报告的运用是非常广泛的，销售前可以打开观念，销售中可以解决异议，售后可以服务客户。所以，这一课我们重点来学习解读理赔报告的相关知识。

1. 理赔报告概述

需要首先和客户强调的是，保险公司的理赔报告都是官方发布的。报告里面的每个数字、每个案例都经得起考验，保险公司都会为此负责，请客户对此放心。这一步十分关键，如果客户对这份报告的内容和数据有其他的想法，后面的内容理解就会大打折扣。

客户的很多异议是可以通过理赔报告来解决的，特别是对理性的、喜欢研究数据的客户来说，效果极好。很多优秀的健康险顾问在与客户沟通时，只需要解读清楚理赔报告，无需使用过多的销售沟通和销售技巧，就可以达成成交。下面将以太平人寿 2019 年的理赔报告为例，讲解具体的运用方法。

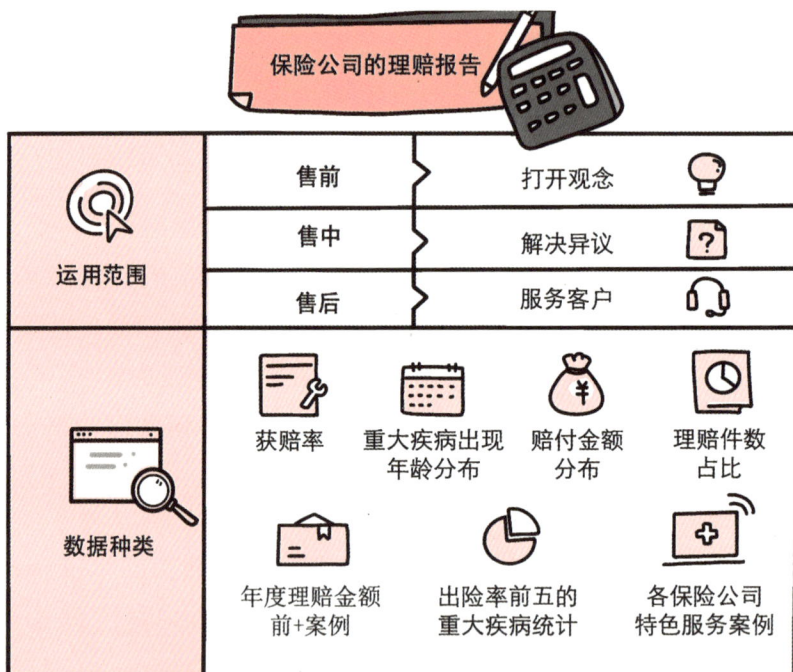

保险公司的理赔报告

运用范围	售前	打开观念
	售中	解决异议
	售后	服务客户
数据种类	获赔率　重大疾病出现年龄分布　赔付金额分布　理赔件数占比
	年度理赔金额前+案例　出险率前五的重大疾病统计　各保险公司特色服务案例

2. 理赔报告在异议处理中的运用

（1）投保容易理赔难

如上图所示，一般客户首先想了解的问题是：保险在实际理赔中会不会存在困难，存在的问题有哪些？

应首先给客户展示理赔报告的获赔率这一数据。获赔率这个数字非常重要。很多客户说投保容易理赔难，多为道听途说。这与相关报道也有关系，理赔失败的案子更容易引起关注。

我们可以为客户展示理赔报告中的实际数据，让客户了解真实的理赔率。报告中，理赔率达到 99%。剩余 1% 的客户理赔失败的原因主要有以下几点。

第一是买的险种不对，可能是买了意外险想理赔疾病，造成保险理赔失败；

第二是带病投保，这种情况下如果赔付，会损害健康客户的权益；

第三是疏于管理造成保单失效，原因可能是银行卡没钱或注销，续费没成功，也可能是产品升级没有进行确认等；

第四是由于赔付金额过小成本过高，放弃理赔。

在解读完上述理赔失败的原因后，可以顺势强调一下保险顾问的重要性。保险顾问不仅可以为客户规划全面的保障，还能帮客户做保单的盘点，定期调整保单计划。在理赔方面，既可以帮助客户进行第一轮的核赔，还可以代办理赔，让客户足不出户就享受理赔服务。

（2）我还年轻，不需要保险

这也是很多客户都会说的一句话。他们认为风险离自己还很遥远，不需要通过保险来提供保障。

重大疾病出险年龄分布

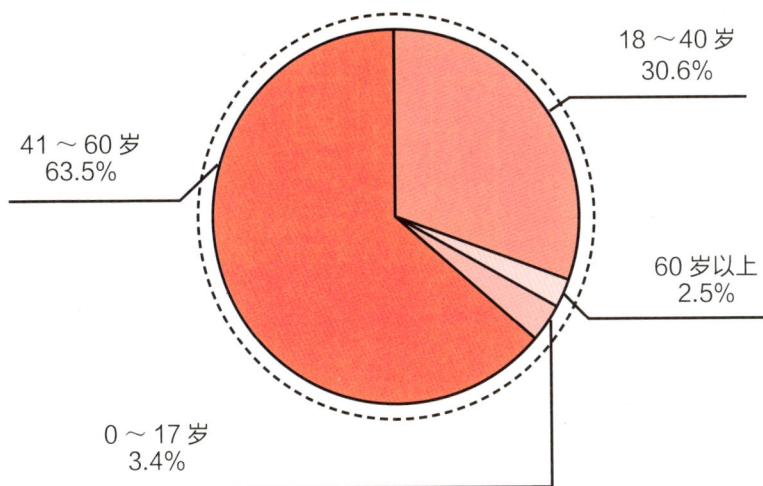

18～40 岁
30.6%

41～60 岁
63.5%

60 岁以上
2.5%

0～17 岁
3.4%

这个异议也可以通过理赔报告来解决。如上图所示，从重大疾病出险年龄分布图可以看出，约 1/3 的获赔客户集中在 18～40 岁。这部分可以重点向客户强调，根据客户的年龄段来引导关注。要注意的点是，60 岁以上理赔的客户只占了 2.5%。这是因为这个年龄段买保险的人少，而不是因为 60 岁以上的人不容易生病。

（3）保险的赔付金额过少

2017 年与 2016 年赔付金额分布对比

（单位：件）

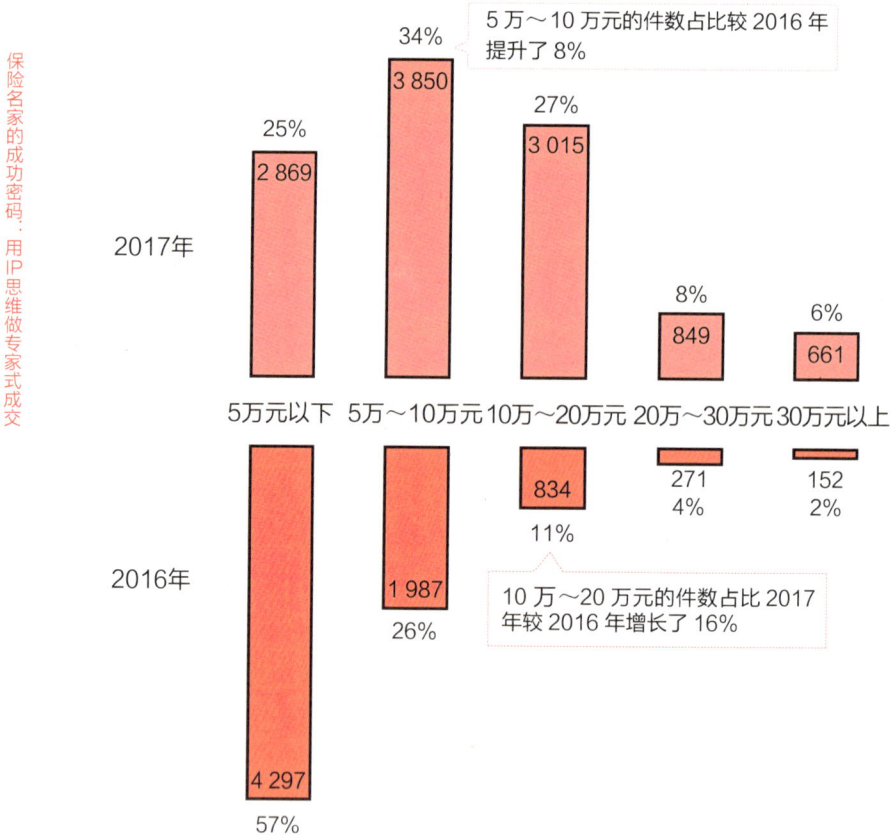

5 万～10 万元的件数占比较 2016 年提升了 8%

10 万～20 万元的件数占比 2017 年较 2016 年增长了 16%

很多客户会认为保险的赔付金额过少，无法对自身风险产生有效保障。

在保险赔付金额图中，可以看出多数人的保额都在20万元以下见上图。低保额带来的赔付也会偏低，虽然也会有一定的经济补助，但并不能解决根本问题。低保额的理赔无法真正覆盖重疾带来的"治疗费"风险，"治"是指治病期间的费用，主要包括手术费、医药费、床位费、检查费等；"疗"是指疗养期间的费用，主要包括护理费、营养费、康复费、交通费等；而"费"是指日常生活的费用，主要包含房贷、车贷、子女教育、父母赡养、生活开销等。这里就引出一个问题，如何设计最适合自己的保额呢？在后文中会具体讲到这个问题。

（4）已经有保险，不用再买了

这个异议也很常见。通常当客户说已经买过保险了，我们可以夸他保险意识好、责任心强。但是如果客户后面提到自己没有再购买保险的需求时，我们要如何回应呢？

年度理赔金额前十名案例表

排名	性别	赔付金额（万元）	地区	年龄	事故原因
1	男	722	广东	19	恶性肿瘤
2	女	610	北京	56	恶性肿瘤
3	女	550	四川	41	意外事故
4	男	500	山西	41	意外事故
5	女	495	北京	54	呼吸衰竭
6	男	474	福建	44	疾病身故
7	女	434	广西	45	恶性肿瘤
8	女	405	江西	61	疾病死亡
9	男	350	湖北	37	疾病死亡
10	女	337	四川	48	恶性肿瘤

可以让客户思考一下这个问题，已买的保险是否足够应对可能遇到的风险呢？如上表所示的年度理赔金额前十名的案例中，赔付金额基本都在百万元以上，有些公司的数据甚至是千万元以上。在发生疾病时，到底需要多少金额才能保障家人的生活呢？这都是需要思考的问题。

（5）那我买重疾险，但不要医疗险了

本书有专门的章节介绍医疗险和重疾险的区别，这里主要学习如何利用理赔报告来解决这个异议。

从理赔件数的占比这项数据中可以看出，医疗类理赔占比高达 95%以上，这说明医疗险出险概率是最高的，是绝对不能省的，见下面两幅图。

各类型理赔占比

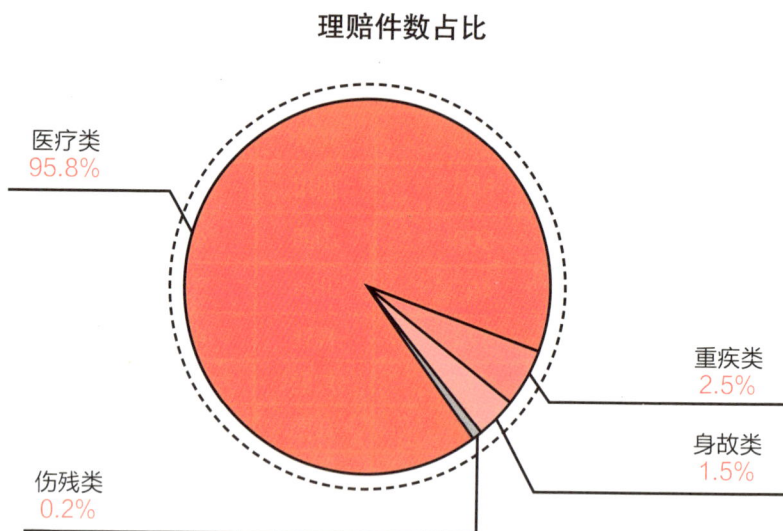

理赔件数占比

医疗类
95.8%

重疾类
2.5%

身故类
1.5%

伤残类
0.2%

理赔金额占比

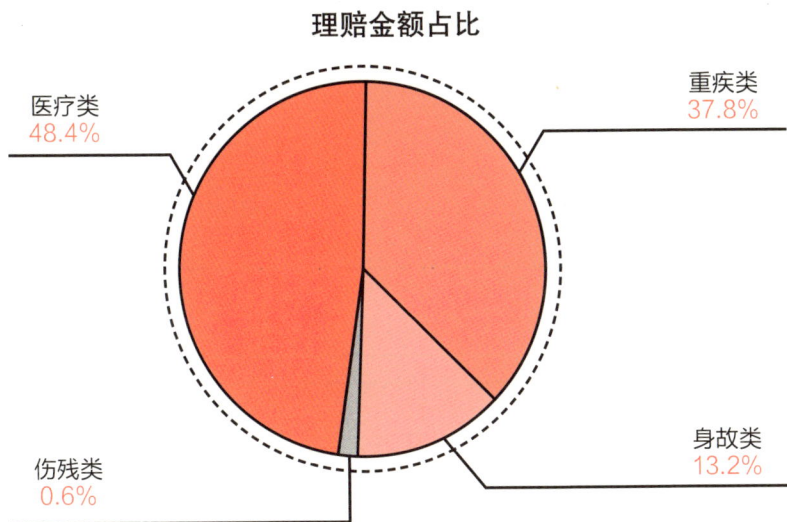

医疗类
48.4%

重疾类
37.8%

伤残类
0.6%

身故类
13.2%

（6）防癌险可以保障什么呢？

从出险率前五的重大疾病统计中可以看出，出险率最高的就是癌症，见下页图。这也就意味着保障了癌症就保障了大部分的疾病。基本上每个保险公司的癌症理赔都占到重疾理赔的 60% 以上，而防癌险可以用更少的保费撬动更大的保障。

以太平的产品为例，一个 30 岁的女性，投保一个全面型的重疾险，20 年交保终身，保额 20 万元，每年需要交 5 千多元的保费。而相同前提下，防癌险的保费每年只要大概 2 千元。当客户的财务比较紧张时，一个防癌险加医疗险大概可以防范 70% 的重疾风险。

（7）自己去网上买保险可以吗？

有的客户会提出："网购保险更便宜，我可以在网上购买吗？"这时就要体现出公司和顾问的价值，理赔报告上的很多案例就是最好的素材。例如：

出险率前五的重大疾病

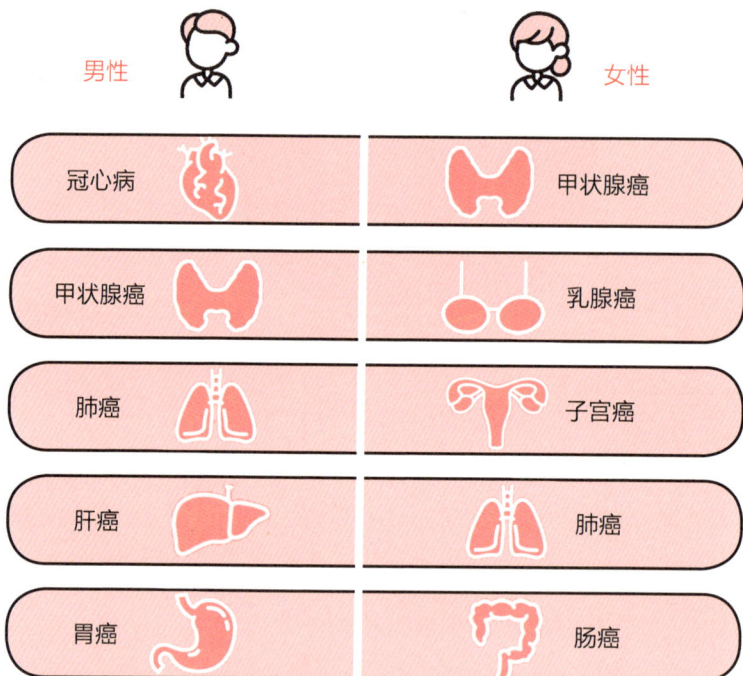

男性

女性

冠心病			甲状腺癌
甲状腺癌			乳腺癌
肺癌			子宫癌
肝癌			肺癌
胃癌			肠癌

太平及时到，特药送真情。"太平特药险"客户在出险后不仅可以迅速得到理赔，而且还亲身体验了一次太平人寿送药上门的便捷服务，48小时内拿到了稀缺的特效药。

2019年6月，一名购买了太平特药险的客户被确诊患有乳腺癌。在经历了近三个月的入院治疗后，客户于9月亟须一种注射用的药品。由于此药品需求紧俏，部分药房售罄，为了及时解决患者需求，太平人寿积极寻求解决办法，协调药房紧急调货，最终赶在客户化疗前，派理赔专人亲自将该药品安全送达客户手中，在48小时内完成理赔服务。

每个保险公司的服务都有自己的特色，需要根据公司的情况来为客户讲解这部分内容。以上这个案例中的"可以在 48 小时内拿到稀缺的特效药，给客户送上门"，危急情况下这种服务是花多少钱都换不来的。保险有价，关怀无价。这种服务能让客户很好地感受到保险公司和顾问的价值所在。

3. 常见的核保知识

在和客户讲完理财报告后，客户可能决定购买产品了，但是在客户决定投保的时候也要提出我们的条件。

我们常说保险就像三扇门：敞开的门是指正常通过核保；虚掩的门指在增加附加条件的情况下可以通过核保，条件是加费、除外责任或者延期；紧锁的门就是拒保，基本上就只能与商业保险绝缘了。

《健康管理蓝皮书：中国健康管理与健康产业发展报告 No.4（2021）》对我国 29 家健康管理（体检）中心共 94 850 名体检者完成的健康自测问卷数据进行了分析，体检人群中罹患的慢性病主要有：高血压病（55.89‰）、糖尿病（24.71‰）、血脂异常（15.79‰）、脂肪肝（11.64‰）和慢性胃炎或胃溃疡（8.26‰）。

那么，身体有一些异常还能不能通过核保呢？

作为一名专业的保险顾问，面对大家对自己身体疾病的担心和猜测，有必要为大家做一些普及。同时，要尽可能帮助客户争取更多的保险权益，让客户获得更坚实的保障。

（1）甲状腺问题

体检中最多见的问题一般是甲状腺结节，通常保险公司的处理方法是重疾险除外责任，因为甲状腺癌的理赔实在是太高了。在特殊情况下也可以标准体承保，条件是要经过核素扫描或者细胞穿刺，确认为良性结节，但在实际操作中很少有人会这样做，所以大多数甲状腺结节客户比较现实的做法是坦然接受除外责任的结论，延期也是很正常的。如果是桥本甲状腺炎，稳定之后是可以标准体承保的。

（2）乳腺问题

乳房纤维腺瘤是一种良性肿瘤，年轻女性常见，手术治疗难度不大，所以术后基本上投保寿险和重疾险是可以标准体承保的，医疗险一般会除外。

乳腺比较常见的还有乳腺结节，客户的检查报告如果提示乳腺结节，需要有 BI-RADS 分级的结果。如果没有结果或是 0 级，需要延期到诊断明确。如果是进行了分级，1 级和 2 级寿险和重疾险基本上可以标准体承保。如果是 3 级，寿险可能是加费或者延期，重疾险则是除外或者延期。如果是 4 级以上，承保难度就比较大了。

（3）胃的问题

急性胃炎治愈之后寿险、重疾险、医疗险都是可以标准体承保的。慢性的浅表性胃炎，寿险和重疾险是可以标准体承保，医疗险则除外。

（4）肝和胆的问题

胆比较常见的问题就是胆囊息肉，如体检时发现胆囊息肉，但是已经切除了或确认为良性，寿险、重疾险、医疗险都可以标准体承保。如果仅仅是发现，就需要根据息肉的大小来决定了。小于 1 厘米，寿险和重疾险可以标准体承保，医疗险一般除外责任。大于 1 厘米一般会延期，观察一年以上，对比两次的检查结果看有没有变化。

肝的问题一般是大三阳和小三阳。如果肝功能正常，小三阳可以正常通过核保或者加费，大三阳一般是加费或者延期。年轻人的核保会宽松一些，年纪大的人核保会严一些。

（5）高血压

收缩压大于 140，舒张压大于 90，通常是加费操作。还要结合其他的风险因素，拒保也是有可能的。

（6）肾的问题

肾结石、泌尿系统结石的发病率和复发率都很高，在核保的时候会考虑最近一次发作的时间以及治疗措施，还有结石的大小等。如果其他因素相同，结石大小会影响核保的结论，通常以 2 厘米为分界线。

结石没有异常，小于 2 厘米，通常寿险可以标准体承保，重疾险可以标准体或者轻微的加费承保，医疗险一般是除外。结石大于 2 厘米，寿险通常采用加费操作，重疾险会比小于 2 厘米的加费更多一些，医疗险会采用除外责任或者延期做法。

慢性肾炎，最终会缓慢发展为慢性肾衰竭或者终末期肾病，重疾险一般会拒保。寿险会根据发病的时间和治疗的情况等，加费或者拒保。

（7）子宫问题

子宫肌瘤是女性常见的良性肿瘤，通常在 B 超检查的时候就可以诊断，大小从直径 1 毫米到超过 20 厘米都有可能。通常，5 厘米以内寿险、重疾险可以标准体承保，医疗险要除外；大于 5 厘米时会有其他情况，破裂、出血、压迫周围器官等，所以核保通常会延期到治疗结束以后。

不同公司的核保是不一样的，这里仅供参考，具体还是要跟公司的运营岗做好沟通，配合核保人提交相关的资料，才可以让客户顺利承保。

总结来说，理赔报告是公司提供的官方数据，是销售过程中的宝库。它可以解决很多客户的异议，可以转变客户的观念。个人应该在健康、年轻的时候尽早投保。作为保险顾问，掌握一些基础的核保知识可以让客户更加顺利地承保，保障客户的权益。

没有记录就没有发生，完整的客户档案这样整理

在拜访客户后，会获取大量信息。你是否将关键部分提取出来，记录好并形成客户档案？有没有为下次见面做铺垫和预定营销动作的闭环呢？没有记录就没有发生，与客户见面之后，出了门，我们应该怎样记录完整客户档案？

1. 客户档案的难点

很多人都有做客户档案的习惯，但也有很多会坚持不下去。主要原因有几点：一是觉得记录不方便，耗费时间长；二是不清楚记录内容和具体方向；三是缺乏正向反馈，难以坚持；四是定位不准确，没有形成营销闭环。客户档案既是对上次见面的复盘，也要确定下次联系的时间。只有不断地回顾和迭代，并形成了营销闭环，才能让我们的拜访越来越高效。

接下来将就上面的问题进行一一解答。

第一点，记录不方便。其实在科技发达的现在，有很多工具可以帮助实现高效快捷记录。比如石墨、印象笔记、幕布等软件，都可以跨平台同步信息，网页端、App 端、微信端、钉钉等平台都是可以同步通用的，手机或电脑上操作都很方便。走出客户家门时可以马上调用手机的语音助手，向手机端的 App 更新最新的客户信息，回去时间充裕时再整理。

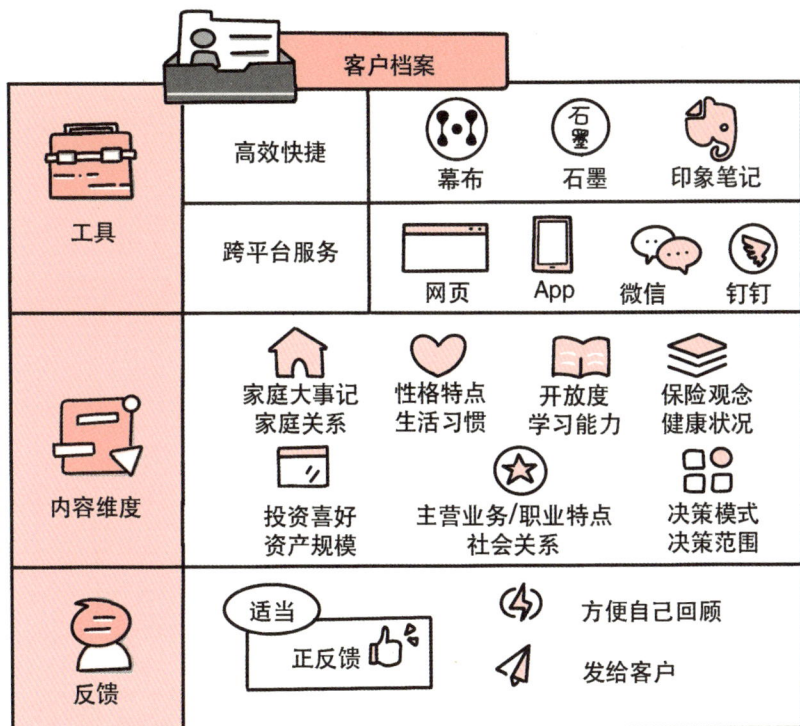

第二点，不清楚记录内容和具体方向。如上图所示，在记录客户档案时，可以围绕以下 7 个维度展开并完善：一是家庭大事记、家庭关系；二是性格特点、生活习惯；三是开放度、学习能力；四是保险观念、健康状况；五是投资喜好、资产规模；六是主营业务/职业特点、社会关系；七是决策模式、决策范围。

以下是整合好的模板。客户档案大多是以表格形式呈现的，方便填写，前 7 个是客户信息采集的 7 个维度。然后，我们还可以加上客户的"家系图"等信息作为补充。

客户档案表（示例）						
1.客户基本信息						
姓名		性别		年龄		性格	
爱好		职业		婚姻		习惯	
身体状况		毕业院校		工作年限		住址	

2.财务信息						
年收入		房产		车		负债	
支出		投资		保单			

3.开放度／学习能力			
兴趣圈		培训班		考证	
书籍		社群			

4.决策模型／决策范围		
决策权		理性		感性	

5.家庭成员情况		
成员		年龄		社保	
身体状况		赡养费		商保	

6.家庭大事记				
生日		纪念日		荣誉		数据来源	朋友圈、照片保存

7.客户经营			
春节		元宵节		端午		七夕	
中秋		国庆节		圣诞节		元旦节	

8.客户家系图

74

9.本次沟通记录						
时间		地点		人物		第几次 拜访
沟通 内容				最难解 决的 问题		

沟通内容明细：

例如：客户提了什么问题，你是怎么回答的。

你提了什么问题，客户是怎么问答的。

在交谈过程中，你感受到的氛围是什么样的，客户有哪些比较特别的行为表现，对哪些内容比较感兴趣，需要注意观察并且记录下来。

10.下一步行动计划	
下一次 见面 时间	
见面 计划	

11.需要什么帮助

是否需要经验丰富的主管陪同前往？

是否需要什么资料？

……

上面这个表格我们可以备份在手机中，可以在结束与客户的交流后，即刻进行填写。这样能将更多聊天中的细节记录其中，避免因时间久远等因素而忽略、遗忘。这些信息会同步更新到电脑端，回到公司后打开电脑，就可以继续进行编辑。在下次见客户之前，拿出手机就可以回顾，很便捷。

第三点，缺乏正向反馈，难以坚持。在进行枯燥而又辛苦的工作时，一定要有适当的正反馈，不然是很难坚持的。做客户档案也是同样的道理，一方面是方便自己回顾，另一方面可以用来发给客户。

客户档案一式两份，给自己看的是第一份。再生成一份供客户参考的副本，需要删除里面的敏感词汇，再加入一些感性的描述，比如"我很理解你当时的伤心"或"特别高兴可以听到你对于未来职业蓝图的描绘"等，这份客户档案就会成为有血有肉有温度的个人名片。

客户在收到这份汇总和表白后，既帮助他回顾见面的情况，又充分表达了你对客户时间的尊重，让对方感受到你的从业素质和专业性。只有主动制造差异性，才能给客户一个选择你的理由。

第四点，定位不准确，没有形成销售闭环。在日常工作中，一份完整的客户档案可以给到很多正向反馈，这集中表现为它可以帮助我们形成营销闭环。

在见完客户后，需要一个思考过程。例如，客户档案模板中这些问题：目前最难解决的问题是什么？应该发什么资料来加深链接解决异议？什么样的活动适合下次邀约他参加？一个人力量单薄的时候，可不可以借力公司、借力主管来做下次的陪访呢？

通过完整的客户档案填写，可以潜移默化地要求自己思考。思考下次见客户的时候要问什么，思考他最难的决策点是什么，思考可以借力的东西有哪些。这样慢慢就会形成思维定式。

客户档案的填写其实是一种训练，填写多次后你就会慢慢发现自己关注的维度越来越广。第一次填档案时只能填30%，你会思考为什么还有那么多不知道的。在日常沟通中试着多探索一点、多了解一点，慢慢地可以填到这个表的70%、90%，逐步优化出更多特色的内容。

希望你可以将客户档案表作为练习，直到自己越来越懂客户，越来越懂怎么从沟通中获取有效信息，以及做出有效的提问为止。这也是一个提升自己专业性的重要过程。

2. 简化的客户记录方法

对于刚认识的还较为陌生，但是加了微信好友的人，可以有一个更简单的记录方法。就是使用微信自带的备注与标签功能，就可以进行简洁记录。不同客户要做不同的标签分组管理，可以在页面的描述栏中，将你对客户的初步印象简单记录下来，或是记录某一句对方曾经说过的话。在这里还可以插入图片，可以是彼此的合影、现场的照片、活动的海报等。

3. 客户档案的好处

制作客户档案有以下 3 个好处。

首先，它的信息价值很高，能帮你一步步深挖客户真正的需求，接近客户真正的心声。

第二，给客户选择你的理由。在将整理好的档案发送给客户时，既表示了对他的尊重，也展示了自己敬业的素质和高度负责的态度，足以制造市场差异化，给客户一个非常好的成交理由。

第三，对于保险顾问来说，客户档案可以有效指导你构建营销闭环，做到精准地邀约活动。同时通过不断填写客户档案，沟通效率和业务水平也会不断地提高。

与客户的每一次交流、每一次碰撞都可能成为未来成交的重要依据，所以每一次记录都很重要。记录客户档案是一个需要耐心和时间的过程，坚持是唯一的技巧。客户说的一个词语，你记下来的一个句子，有可能成就一张百万元大单、甚至千万元保单。通过高效工具以及正向反馈激励的方法帮助自己坚持下去，这个习惯能够帮助提高约 50% 的签单率。

至此，对于制作客户档案的 4 个问题就一一解答了。**坚持用，持续做，刻意练习，就是跟其他人拉开距离最重要的秘诀。**在做记录的时候，重点客户可以用客户档案表格来详细记录，新认识的客户可以通过微信的标签和备注来简单管理，做到轻重并举。要记住，客户之所以愿意选择你，是因为你比别人更用心、更贴心，让他更放心。要做一个比客户更懂客户的人，客户档案管理表你绝对不能错过。

这样做保单盘点，更能发现加保空间

在生活中，我们可能会遇到类似场景：在一个同学聚会上，说到了保险的话题。同学小 A 说："保险我没怎么关注，但爸妈早就给我买了，也不需要再买。"又或者，小 A 已经在你这里给她孩子购买了保险，却完全不考虑给自己买，你与她说起这事，她却说"给孩子买了就行，我就不用了吧"。

在与客户交谈过程中，我们经常会遭遇类似的情况。不管客户是自己买过的，还是父母买过、公司买过或是给小孩买过的，也不管买的保险产品是什么，在很多人的观念中，只要买过保险就够了，就没有再次购买的需求了。

但是否买过就等于足够了呢？事实上，80% 有保险的人，都属于有保险却保障不足的人。虽然持有很多份保单，保费金额也很高，但保障仍然不足。

客户买保险就是在买保障，需要有专业人士告诉他，已购买的保单有哪些保障，这些保障是否足够。协助客户进行观念的输入和更新，是给予客户最高级的财富，也是保险顾问的价值所在。

1. 客户保单易出现的五大问题

第一个问题是由初期盲目购买导致的。很多客户在初期购买保险时会为人情买单，对里面的保障利益以及保单的效力等都不是特别清楚。

第二个问题是保险的保额不足。"有保险"与"有保障"是两个概念，如果保险的保额不够，当真正的风险来临时就会发现保额杯水车薪，不足以提供可靠的保障。比如，身上有 400 万元房贷的家庭经济支柱，他的寿险保额就应该比刚步入社会的年轻人要高得多。

第三个问题是保险结构不合理，主要体现在保险配置不合理，或家庭成员之间保险分配不合理等。很多家庭偏好于购买理财型产品，偏重的是分红，而非身体健康的保障。有的家庭还会出现家庭里的小孩配了很高额度的保险，而父母却是空白没有任何保障的情况。

第四个问题是"浪费"与"缺口"并存。购买了很多不适合的产品，需要的保障却一直有缺口。有的父母会给孩子买很高额的寿险，但这是没有必要的。相反，一些需要配置的保障如医疗险等却一直空缺。还会有一些客户在电话销售员的引导下购买很多份意外险。

第五个问题是漏填或错填关键项。在多年前的保单中，受益人都会默认为法定而不会做家庭成员的指定，这样并不利于财产的顺利传承，反而有可能加深家族的矛盾，带来不必要的麻烦。

从上述的这五大问题可以看出，保单盘点是非常有必要的。

2. 保单盘点的方法

在做保单盘点的时候，很容易走入两个误区。第一个误区就是保单盘点的形式过于单一。接下来将以较为常用的 3 类保单盘点工具为例，讲解每种工具的具体应用方法，见下图。

保单盘点方法

表格式	✓ 重要客户 ✓ 长辈、家庭主妇	逐个录入 投保人、被保人、保费等信息 → 形成 → 整齐划一 → 表格呈现
思维导图式	✓ "90后"、手机族 ✗ 长辈企业主	内容 — 保单列表、已有保障、建议 ★优点 浓缩精华、便利快捷
保单四大账户检视表	✓ 所有客户	人身意外保障账户／健康保障账户／年金领取账户／投资理财账户 ★优点 整理快捷、简洁易懂

附加：理赔途径 + 保险顾问 + 《保费流量表》

有效提高 → 客户满意度

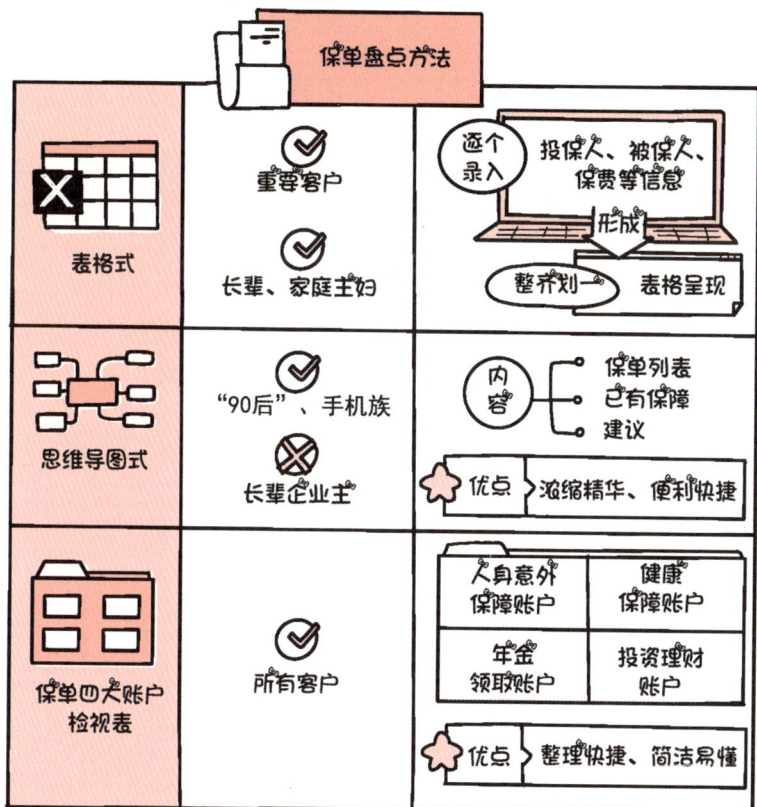

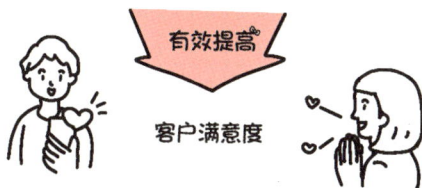

　　第一类是表格式，示例如下。适用人群范围较广，包括但不限于重要客户、长辈、家庭主妇等。

（单位：元）

序号	投保人	被保人	受益人	缴费期	投保时间	保费（元）	缴费银行账号	保额（元）	保险期限	产品名称	保险公司	保险责任 意外	医疗	重疾	理财	保险责任	理赔途径	保险顾问
1	××	××	××	20	2020.2.1	5 640	6214 ×× ×× ×× ×× ××	30万	终身	福禄嘉倍重疾险	中国太平			30万元		★重疾(100种)：30万元 ★轻症（50种）：第一次6万元；第二次12万元；第三次18万元 ★身故保险金：30万元 ★轻症豁免，保单贷款，年金转换		×××
2	××	××	××	10	2020.1.1	1 670	××	100万	30年	百万行无忧	中国太平	100万元				★意外身故保险金： －私家车意外身故：100万元 －公共交通意外身故：100万元 －重大自然灾害意外身故：100万元 ★法定节假日意外身故，额外增加10万元	①关注微信公众号"中国太平95589" ②太平客服热线：95589	
3																		
4																		
5																		
6																		

这种方式通过 Excel 工具，将投保人、被保人、保费等信息全部录入，形成整齐划一的表格。在制作过程中，可以借用"bd 保单管家"小程序，加快保险责任部分的填写速度。

但这仍然是一个比较浩大的工程，所以一般与重要客户沟通时，可以提供这种详细的保单盘点表（比如，大额的年金险客户、健康险家庭保单客户等）。同时，这种表格便于打印出来装订成册，提供给长辈或者家庭主妇们，因为这类人群习惯使用纸质材料阅读，更贴合客户的需求。

第二类是思维导图式，适合"90 后"、手机族人群，但并不适合应用于长辈及企业主。思维导图主要由三大部分组成：保单列表、已有保障以及建议部分。

这类方法的优点和缺点都很明显，优点是浓缩化、快餐化。在年轻人快节奏的生活里，高度浓缩的思维导图可以用不同的颜色来区分不同的模块，看起来清亮明快。同时也很便捷，一张图片存下来，随时可以翻看，信息包罗万象，很迎合手机一族的需求，比 Excel 文档更方便。

缺点是思维导图的字太小，长辈们不习惯这种盘点模式，不符合他们的阅读习惯。并且长辈们不习惯用电子数据存储，还是打印一份表格更为稳妥。另外，企业主也不喜欢这种记录方式：一是无法做数据的合计，保费保额不能直接算出来；二是在企业主眼里，图片不是重要信息的存储方法，过于轻浮。

第三类是保险四大账户检视图，这种适用于所有客户，见下图。

这个类型对顾问来说是最轻松的，整理起来很快速，同时对客户也很友好，简洁易懂。该图可以一目了然地知道哪位家庭成员的保障高，哪位成员的保障低，哪位仍然没有保障；图中有"给谁配""怎么配""配什么"这三大要素，可以清楚看出已经有了多少、距离目标还差多少、缺口有多少等数据。

保险四大账户检视图

人身意外保障账户			健康保障账户		
给谁配：家庭经济支柱 怎么配：年收入 ×10 倍 配什么：航空／高铁公共交通意外、 　　　　自驾意外险、寿险、意外 　　　　医疗			给谁配：家庭所有成员 怎么配：年收入的 5 倍＋负债总额 　　　　（50 万元起步） 配什么：重疾险、医疗险、防癌险、 　　　　银发无忧险（长辈专属）		
✓	□	□	✓	✓	✓

年金领取账户			投资理财（万能金账户、投连险）		
给谁配：孩子（教育金）、女性（养 　　　　老金） 怎么配：依据教育、养老品质的规划 　　　　（至少年收入 10%～15%） 配什么：教育金、养老年金产品			给谁配：依据家庭实际投资需求 怎么配：家庭年收入 20%～30% 作 　　　　为可传承、稳健增值的资产 配什么：万能金账户／万能钻账户、 　　　　投资险		
✓	✓	✓	□	□	✓

在了解完保单盘点的 3 大工具，再来看看做保单盘点的时候，容易走入的另一个误区：温情不足，体验不够。

利用上述的方法可以向客户展示出保险缺口，但客户是否买单还会受到其他因素的干扰。事实上，在问客户要保单来盘点时，客户已经了解你的企图了。当把保单盘点发给对方时，有些客户的回应会十分冷漠，后续的工作难以开展。

理赔途径	保险顾问
①关注微信公众号"中国××95×××" ② ××保险客服热线：95×××	×××保险顾问李×： 150××××××××

这时候就要引导客户一起回顾这份保单盘点，所以在保单盘点表的最右边可以看到两列附加的信息："理赔途径"以及"保险顾问"，见上表。

这是保险合同里没有，但客户最为关心的两个点。没有任何一个客户会拒绝听你讲理赔途径。买完保单以后到底找谁理赔？通过什么途径理赔？这两点客户往往是不清楚的，而你主动来为他讲解，这就是一个很好的加分项。

这里列举了与客户的沟通："很多时候发生理赔了，是我们的父母、配偶或者子女帮我们去处理相关的事情，但如果只有保单，我们的亲人翻看起来往往是无从下手的，所以我把理赔途径以及保险顾问的联系方式也加入了保单管理表。第一，这有利于家人在慌乱中也能快速找到理赔途径，及时报案。第二，您可以随时联系到我。就像我投保时对你强调的，买保障之前要先问保险顾问能不能服务你20年甚至更长时间，我会长期在这个行业积淀和成长下去，有什么事情都可以第一时间找我。我的这个电话号码已经用了十年了，随时为客户待命。希望我们一起走过未来的十年，甚至更长更长的时间。"

接下来拿出保费月流量表，见下表。

接着为客户讲解："这个是保费月流量表，可以帮助您统计各个月份的保费支出，这样您就可以方便安排资金了。"

通过上述沟通，客户看到的不仅是冷冰冰的数据，还有你站在他的角度为他着想的那份贴心。在卖完保险后，还持续关心客户的日后理赔，并承诺长期服务。你关注他的资金流，除了是保险顾问，你更是他的私人理财师。这样你与客户的关系就前进了一大步。

保费月流量表

险种	被保人	每期投入（元）	扣款日期	交清日期	缴费银行账号	一月	二月	三月	四月	五月	六月	七月	八月	九月	十月	十一月	十二月
保费投入																	
福禄嘉倍重疾险	××	5 640	2020.2.1	2039.2.1	6214××××××××××		5 640										
百万行无忧	××	1 670	2020.1.1	2039.1.1	6214××××××××××	1 670											
		·															
0																	
0																	
每月小计（元）：						1 670	5 640	0	0	0	0	0	0	0	0	0	0
全年合计（元）：						7 310											

国家风险规划师：×××

制表时间：2020 年 2 月

在关系升温后，再拿出保险四大账户检视表，纵向根据保额目标盘一次缺口，再横向针对不同家庭成员谈一次缺口，客户的接受度会大大提升。面对一个有温度又替自己着想的保险顾问，客户的成交意愿会高很多。

通过这一章内容的学习，我们可以了解到保单盘点的重要性。如果不做保单盘点，有可能无法发现保障不清、保额不够、结构不合理、浪费与缺口并存以及错填或漏填关键信息等问题。这也是保单盘点的必要性。

当开始保单盘点的时候，要切忌盘点形式过于单一，"表格式""思维导图式""保险四大账户"都是很好的工具，要根据不同的客户，选择最适合的盘点方法。在表格上增加"理赔途径""保险顾问"以及保费月流量表的信息，可以有效提高客户的满意度。让客户感受到一个更有温度、更贴心的保险顾问兼理财顾问形象后，再谈保障的缺口，成交率就会大大提高。

保险计划书
这样展示更直接

为客户制作计划书是每个保险顾问必备的技能，也是业务中必不可少的环节。一份详细的计划书既可以表明专业态度，也能让客户更加重视这份保险规划。

保险计划书指的是保险顾问依据客户本身的财务状况和理财要求，从自身的专业角度为客户推荐合适的保险产品，以及设计最佳的投保方案，为客户谋求最大保险利益，同时又有助于客户理解和接受保险产品的一种文字材料。

一份完整的计划书看似简单，但实际上需要细心了解和周密分析。在与客户见面前，要提前准备好计划书，装订整齐，让客户感受到你的用心。

一般来说，计划书要包含以下几个板块：公司或者团队的介绍；观念导入，如经济背景、环境背景、市场背景、疾病发生率等；产品组合，也就是解决方案；理赔报告或者理赔流程，理赔需要准备的材料等；增值服务，即可以提供除了保单之外的其他服务；个人信息和服务承诺等。这种完善的计划书会让客户觉得受到了重视，对保险顾问的信任度也会进一步提升。

随着移动互联网的崛起，人们对移动互联网的依赖度越来越高，越来越多的人开始转为线上沟通，特别是 2020 年，保险产品的沟通多在线上进行，线上发送计划书也成为业务中很重要的一环。

在与客户线上沟通时，你是否会遇到这种情况？

客户说想买保险，让你发一个计划书参考。发了之后回复说："好的，我看一下。"然后就好多天都没有回应。当过一段时间再去问的时候，客户会反馈"我还没来得及看呢"或者"计划书我看了，但是没有看懂"。如果发的是文件，可能直到过期了他都还没有打开。

有时，一份计划书并不能满足客户的要求，也不能让客户全方位了解自己的保险方案。我们要制作的就是让客户看得懂的计划书，提升沟通效率。

保险顾问与客户大多是通过微信交流，很多保险公司都在微信拥有可以分享的计划书链接，可以很方便地将方案发给客户。或者像保险师这样的 App，也可以很快捷地制作计划书发送给客户。

计划书链接中的内容十分全面，不仅有保障方案概要，还包含了最常见的几大要素：保费、保额、缴费期、保障期、产品的责任简介、病种的详情、保单的现金价值表、保险的详细条款等。计划书链接里还包括其他链接，可以延展的内容非常多。

但是这样的计划书也有不足。

第一，由于计划书内容太过详细，客户很容易找不到重点。

第二，这种自动生成的链接中，如果包含很多险种，就只会分别列出每个险种的责任和特点，并不会把保障内容汇总，不能告诉客户在何种情况下可以得到什么样的权益，相当于客户只是换个方式读了条款而已。

第三，这样的计划书都是官方发布的，语言非常严谨，跟法律条文一样，会增加客户的理解难度。

因此，你需要将计划书内容做提炼，让客户更好地抓住重点。用表格、思维导图或是其他的方式，将内容生动形象地展示给客户。下面将展示几种常用的计划书工具，详见下图。

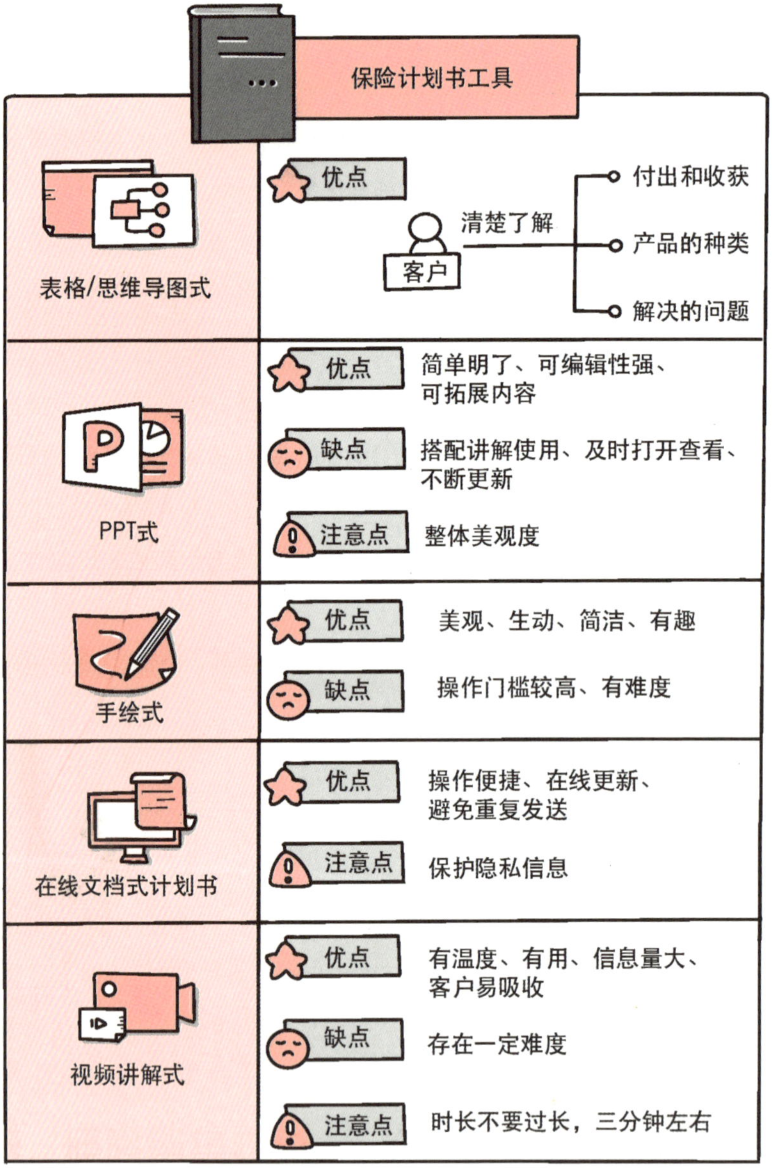

保险计划书工具		
表格/思维导图式	优点	客户 清楚了解 → 付出和收获 / 产品的种类 / 解决的问题
PPT式	优点	简单明了、可编辑性强、可拓展内容
	缺点	搭配讲解使用、及时打开查看、不断更新
	注意点	整体美观度
手绘式	优点	美观、生动、简洁、有趣
	缺点	操作门槛较高、有难度
在线文档式计划书	优点	操作便捷、在线更新、避免重复发送
	注意点	保护隐私信息
视频讲解式	优点	有温度、有用、信息量大、客户易吸收
	缺点	存在一定难度
	注意点	时长不要过长，三分钟左右

1. 表格和思维导图式计划书

这种方式的优势是可以让客户清晰地了解自己的付出和收获，明白自己买的产品种类以及能解决的问题有哪些。

表格是一种最简明扼要的表达方式，是很多展示文档中不可缺少的部分。以行和列的形式来组织信息，结构严谨，效果直观，信息量很大。

思维导图的优势是条理性比较强，能让客户保持清晰的思路。同时，图片比文字更容易引起客户的兴趣。如果能熟练地边画边讲，就可以让客户跟着你的思路走，提升沟通效率。

2.PPT 式计划书

用 PPT 制作计划书是比较常用的方式，很多保险顾问都是先用 PPT 编辑，再将计划书打印为纸质版展示给客户。PPT 可以只做一页，讲解方案的内容，也可以拓展为很多页，丰富计划书的内容。

PPT 形式的好处有很多，比如简单明了、可编辑性强、可拓展内容多等。可以将家系图、四大账户、保险阶梯图以及重疾险和医疗险的区别等内容放在里面方便客户了解。如果有公司的新产品资料，也可以直接将其填充进去，丰富计划书内容。但一定要注意计划书的整体美观度，要统一整体风格，不然会影响客户的观看体验。

日常工作中，可以多花些时间做一版 PPT 计划书模板。重复利用，针对不同客户替换为不同的个性化内容，从而提升工作效率。还要注意的一点是，在发给客户时要转换为 PDF 格式，便于客户理解。

PPT 计划书也有一些缺点。首先，需要搭配讲解一起使用，只是单独看文件，客户无法理解太多想表达的内容；第二，如果客户没有及时打开 PPT 文件查看，文件会失效；第三，如果方案有调整，需要不断更新文件发送至客户，不便于管理。

3. 手绘式计划书

如果有绘画特长，可以定制客户的专属手绘计划书。图片美观、简洁、生动、有趣，客户一定会拿来收藏。但这个操作门槛较高，操作起来有难度。如果画得美观度不足，更推荐用 PPT 设计计划书。

4. 在线文档式计划书

前面提到的几种多为偏图像的方式，配合讲解效果更好，但不便于客户回顾。对比来说，图文结合的方式更为便利。以文档方式将图片和文字一起填充进去，图文并茂、内容丰富、美观详细。

有很多好用的在线文档，我们可以将链接发给客户，他可以在电脑或手机上查看，后续还可以持续更新精进文档内容。

在线文档可以分板块来梳理。先放置家庭情况相关内容，可以用家系图表示。然后放置客户购买过的保单汇总，包括缺口、完善建议及搭配产品等，还可以插入产品链接，以及方案相关的热点新闻。最后可以放置个人介绍，补充自己写的文章链接或者二维码。

在线文档操作便捷，可以在线更新，可避免重复性地给客户发送链接及资料。使用时要注意保护客户的隐私，不要随便将链接发给其他人。

5. 视频讲解式计划书

视频讲解也是计划书的一种方式，这种方式有温度、有图、有语音，信息量也很大，而且客户也很容易接受小视频的讲解方式。但要注意小视频不要过长，推荐时长为三分钟左右。

但制作视频也存在一定难度，需要讲解人尽量不要讲错，不要卡顿，对环境的要求也比较高。后期还需要做剪辑，可能还需要加入字幕，对个人能力有一定要求。在使用视频方式进行讲解时，如果客户要寻找讲过的某一条信息，会比较麻烦。

一份好的计划书既要有详细的内容、细节的延展，还要有简单明了的展示。除了搭配公司的链接，还要加上自己提炼加工后的内容，才能让计划书的内容更加生动易于理解。

保险计划书的目的是让客户读懂保险规划，在感受到你专业水平的同时，也能感受到你的用心。每种保险计划书的表达形式都有利有弊，需要根据客户情况选择适合的形式，不可一概而论。没有最好，只有最合适。

第 **3** 章

智取攻坚，
妥善处理客户的异议

年轻"90后"一族
爽快买保险的逻辑

不同客户群体需要有不同的促成方法，如，年轻的"90后"、家庭保单的客户、选择纠结的客户群体等，不同的客户群体有不同的促成方法。

在拜访客户的过程中，你是否也遇到过这样的问题呢？很多客户会说自己身体很健康，暂时不需要保险，或者自己有社保就已经足够了，或者自己暂时没钱不想买保险等。这些都是客户的委婉拒绝。

在遇到这种情况时要如何巧妙地化解呢？我们可以用实际数据来应对客户的异议，比如：

据丁香园&《健康报》联合发布的《2019年国民健康洞察报告》，在"90后"中，每年参加一次体检的年轻人比例只占了72%，在所有年龄层里面是最低的，所以还有很大一部分"90后"没有定期参加体检。

对于"90后"的年轻人群来说，熬夜的情况严重，因此也可以以熬夜为切入点来打开话题，例如：

"90后"已经成为失眠的重灾区，60%的"90后"身体已处于亚健康的状态，时常会有一些不健康的指标出现。

根据上海白领的调查数据，体检异常的"90后"高达94.91%，前三名的异常指标为体重超重、甲状腺异常、脂肪肝异常。指标异常是健康危险的信号，需要被重点关注。

此外，如果未来的体检结果异常，就会影响个人的投保。

以上是应对"90后"客户异议的重要数据。如下图所示，下面将针对保单促成的方法进行介绍，共有 7 种方式，包括生日或年龄促成法、特殊节日促成法、等待期促成法、婚前财产保护促成法、身价提升促成法、责任升级促成法以及思维提升促成法。

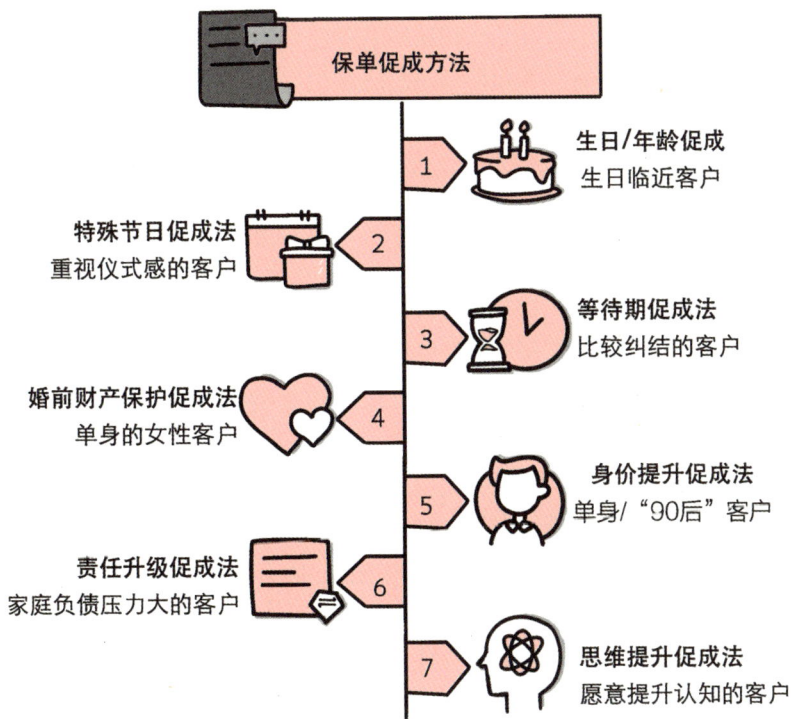

保单促成方法

1. 生日/年龄促成　生日临近客户
2. 特殊节日促成法　重视仪式感的客户
3. 等待期促成法　比较纠结的客户
4. 婚前财产保护促成法　单身的女性客户
5. 身价提升促成法　单身/"90后"客户
6. 责任升级促成法　家庭负债压力大的客户
7. 思维提升促成法　愿意提升认知的客户

1. 生日或年龄促成法

这种促成方法主要针对生日比较临近的客户或者家庭成员。在前期完成了方案或异议处理后，可以这样与客户沟通："我觉得这个保障方案非常适合您。您的生日快到了，在生日前投保还可以按照年龄小一岁来计算保费。年龄越小、保费越便宜，保障权益仍是一样的。如果现在进行投保，相当于每年都可以省下一部分保费，而且在每一年的生日前都会提醒您续交保费，算是给自己或家人准备的生日礼物，是不是很有意义呢?"这种方法适用于生日邻近的客户，可以很好地促成保单。

2. 特殊节日促成法

这种方法针对特殊节日进行保单促成，例如"情人节"、妇女节、儿童节，还有母亲节、父亲节、"双 11"等。如果在这种特别节日进行投保，会赋予保险特别的意义。

针对重视细节的、注重仪式感的客户，可以着重在节日附近节点进行沟通。比如情人节，如果是单身客户，可以和他说："选择保单作为自己的一份情人节礼物吧。情人节，要爱自己多一点。"如果是夫妻客户，就推荐情人节进行夫妻互保，可以这样来沟通："这份保单充满了爱意，每年的情人节都是一个续保日。爱对了，天天都是情人节。"

3. 等待期促成法

保险在正式生效前，需要度过等待期。例如：医疗险有 30 天等待期，重疾险有 90 天或者是 180 天的等待期。如果客户在等待期内发生风险，保险公司是不理赔的。所以说只有真正度过等待期后，客户的保障才是真实有效的。

等待期促成法主要适用于比较纠结的客户，可以这样去沟通："保单正式生效还需要度过等待期，医疗险是 30 天，重疾险最短是 90 天，最长 180 天。如果在等待期内发生了风险，保险公司是不理赔的。"也可以用更直接的沟通方式，比如："如果你能确认什么时候住院，那就提前 30 天告诉我。如果不能确定，那就现在购入保险，减少不确定性。"等待期也是促成保单的有效工具，需要好好利用。

4. 婚前财产保护促成法

这个方法主要针对单身的女性客户。婚前财产是受法律保护的，因此在婚前进行投保是自己专属的财产，比如说健康险、重疾险或者年金险等，都可以作为婚前财产被保护。

因此，作为保险顾问，可以这样来沟通："法律规定，夫妻一方的婚前财产，不管是动产还是不动产，有形财产还是无形财产，只要是合法取得的，都应该依法受到法律的保护。保单是属于自己的资产。作为单身未婚的女性，在婚前给自己投保一份健康险或是年金险，可以很好地起到财产保护的作用，还可以规避未来的婚姻风险。"这种方法可以针对单身的女性客户选择性使用。

5. 身价提升促成法

保险作为一种身份的象征，不仅可以拥有保障，还可以体现身价，提升自己的生活品质。保单可以传递三方面信息：一是身体健康，可以正常投保；二是财务自由，有续费能力，经济条件较好；三是有责任感，对自己和家人负责。这种方法主要针对单身客户，或者是年轻的"90后"客户进行保单促成。

6. 责任升级促成法

很多年轻人都背负着房贷及车贷压力，家庭负债压力相对较大，这就需要使用保险工具来转嫁风险。在前面的《人生周期图》中有提到，人生的不同阶段有不同的责任，比如子女的教育费用、父母的赡养费用等，需要通过科学安排来对冲风险，保证现金流的长期性。向客户强调人生的责任升级也是促成保单的一种方式。

7. 思维提升促成法

在与客户沟通中，思维和意识是非常重要的。生活中有很多相关的保险教育的课程、社群，以及每年7月8号全国保险公众宣传日等，还有《我不是药神》等电影，都会提到与保险相关的话题。《百岁人生》等书中也对未来的养老生活进行了深刻的思考。

2020年，让人们对于风险有了更加深刻的认识。《保险伴我一生》也加深了社会对于风险及思维提升的认知。很多年轻的客户群体在很早就已经接触了保险，对保险有着较为清晰的认知。只有客户的思维认知提升了，才能更好地理解保险保障的意义，促进保单达成。

"90后"的年轻群体在购买保险时主要有四个优势：一是身体健康，拥有投保资格；二是年龄小，保费低；三是保障期更长；四是既有身价，更有思想，可以更好地与时代同步。保单的促成共有七个方式：生日或年龄促成法、特殊节日促成法、等待期促成法、婚前财产保护促成法、身价提升促成法、责任升级促成法和思维提升促成法。在应用中，可以根据实际情况进行选择，灵活运用。

财务诊断 之收入篇

我们经常说谈钱伤感情。在我们国家，人们对财务是很敏感的，很多人会认为谈钱非常不好意思，这是因为缺乏理财观念和思维。那如何才能自然地跟客户聊到财务话题，借助什么工具和方法收集到促成保单相关的信息呢？

答案就是财务问诊。

想要做好财务问诊就需要勇于谈钱、谈理财，作为保险顾问的我们需要从自身开始提升理财思维和理财能力，从自身家庭财务梳理开始，这样才能真正地给客户提供专业的财务问诊。

财务问诊包含了收入盘点、支出盘点、资产盘点、负债盘点。通过给客户提供专业的财务问诊，我们能够了解到客户的保险观念，投资喜好、性格特点、开放度以及职业特点和成长性等，同时给出非常适合他们的家庭保障规划，快速拉近和客户之间的距离，也让成交事半功倍。

这里，我们首先来了解一下收入盘点。

1. 收入盘点帮客户明确保障区间

很多人认为，我的收入主要来源于工资，每月到账都清楚明了，还有需要盘点的必要吗？

当然有必要，为什么呢？因为收入盘点包含的类型有很多，有些你认为不应该纳入收入盘点的被你纳入了，有些应该纳入收入盘点的却被你忽略了。这就导致你无法真正了解自己的真实收入水平。

现在，如上图所示，我们先来了解一下收入盘点的三个主要类型。

第一，工作收入。大部分人的收入主要是工作收入，这是通过获得一份工作，出售自己的时间换来的报酬，比如说工资、奖金、兼职收入等，

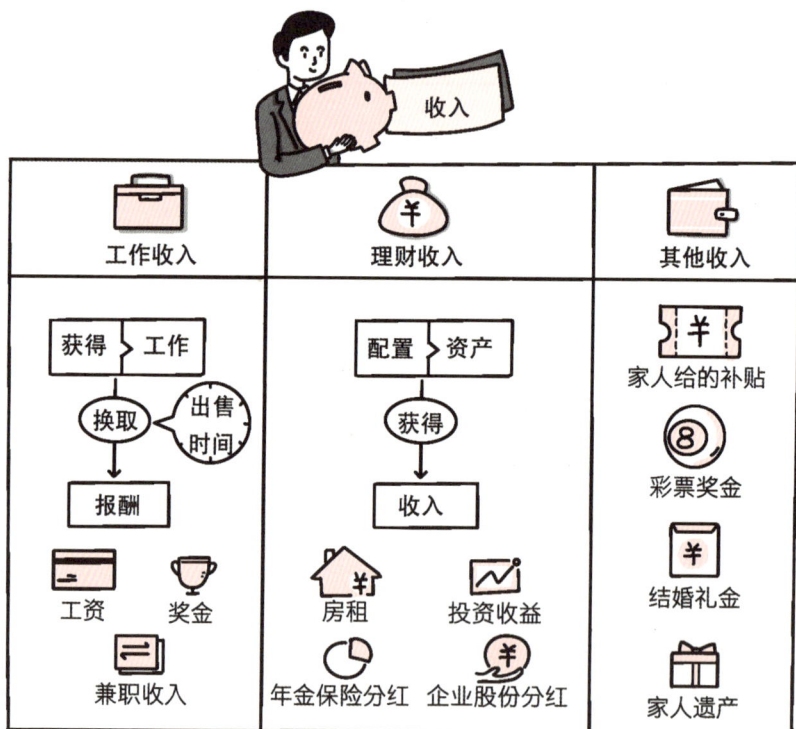

都属于工作收入。

第二，理财收入。这个是通过配置资产获得的收入，比如房子的租金以及投资的收益、年金保险分红、企业股份分红等，这些都属于理财的收入。

第三，其他收入。比如家人给的补贴、彩票奖金、结婚礼金、家人遗产等。

可是，我们做了收入盘点，能有什么用呢？

这里以大家在与客户沟通中常常会遭遇的 2 个问题为例来加以说明。

问题 1：经过与客户的深入交流，你已经了解了客户的需求，按照客户的要求制定了保障方案。可是，在最后签单时，客户犹豫了。究其原因，客户表示："这个保费对于现在的我来说不算有压力，可是，若我以后有风险变动，交不起保费怎么办呢？"

此时，你会如何回答客户这个问题的呢？

是口头上鼓励说没问题的，肯定可以，还是在没有办法劝说的情况之下，降低保费，修改保障方案。这两种处理方式都不是最优的解决方式，想给客户一个更优秀的答案，我们就要从问题的根源处解决问题。

而这个问题产生的原因其实是客户对于未来收入的不自信。此时，我们应该带着客户一起做一次收入盘点。让他自己对自己未来的收入水平有清晰地了解和信心，明确自己收入的底线，这样就可以打消他的疑虑。

问题 2：客户有购买保险的意向，但是希望你出具 1 个具体的保障方案。那么，这个保障方案你应该如何做呢？保费与保额定在多少能帮客户最大可能性规避风险，获得保障？

大部分人的做法就是直接问客户的预算是多少，然后直接按照客户说的预算来做方案。

但是，在保险四大账户中提到，意外保额要做到年收入的 10 倍，重疾险保额要做到年收入 5 倍。但是客户给出的预算没办法为客户做好以上充足的保障，那我们是根据客户预算降低保额，还是说服客户主动提高预算，同时还能让客户后续愿意持续加保呢？

同样我们借助收入分析来解决这个难题。通过收入分析，不但能让我们快速找到适合客户的保障方案，提升我们的业绩，也能让我们更好地了解客户的收入情况以及未来的成长性。这可以帮助你快速区分哪些客户是值得未来重点服务的，为后续的加保做好铺垫。

2. 如何为客户进行收入盘点

在了解了收入盘点对客户以及我们保险顾问的重要性后，我们现在就来学习一下如何为客户进行收入盘点。在去为客户做收入盘点前，我们需要先做好以下 3 个准备。

首先，要翻看客户档案，重新看一下与客户的沟通记录，重点记下他关注的每个问题以及之前提出过的困惑。准备好财务表格，可以直接打印出来，或是带上电脑。对接下来谈到的保障规划、养老规划以及教育金规划等做好资料准备。

然后，要提前发消息给客户，确认预约时间、地点及内容。告知收入盘点的时间约为 30 ~ 60 分钟，请客户提前预留时间。如果客户已婚，可以提前询问是否要夫妻两人一起来做收入盘点及规划。毕竟这属于家庭的重要财务决策，两人一起可以避免后续传达低效，能够更快成单。

最后，在做好这些事情的准备工作后，还有一个注意事项。在做收入盘点前，一定要跟客户申明，此次的收入盘点是绝对保密的。这是作为一个理财规划师最基本的职业道德，让客户务必放心。

做好了准备工作，接下来就是教客户填写财务的收入表格。大家在为客户做收入盘点时，可以借助下表这样的形式，根据实际情况进行调整。

以客户小星为例，小星今年 27 岁，生活在广州，从事互联网行业，因为工作忙碌，至今还是单身。一个人在外地打拼的小星是一个积极、有冲劲、又聪明的女孩。除了平时工作的固定工资以外，自己也会学着做一些小小的投资，增加自己的收入。

如下表所示，在帮助小星进行收入盘点时，我们将小星的收入分为三个部分：工作收入、理财收入、其他收入。在这三个对应的大板块里，我们根据小星的实际收入情况，对每个板块的收入进行了细分，最后再进行汇总。

收入类型	项目	每月收入（元）	年度收入（元）
工作收入	固定工资	10 000	120 000
	浮动资金		20 000
	补贴	200	2 400
	兼职收入	500	6 500
理财收入	房子租金		—
	投资收益实际到手		5 000
	保险金分红		—
	项目合作分成		—
	股权投资分红		—
	……		—
其他收入	家庭补贴		—
	礼金收入		—
	……		—
	收入合计	10 700	153 400

在小星填写完表格后，我们可以从中读取到哪些信息有利于我们帮

助小星制定方案，提高成交的信息呢？主要有以下三个方面。

第一，了解客户的投资能力。从表格中我们看到，小星除了工作收入之外，还有兼职收入以及理财收入。侧面说明小星是有投资经验的，并且会用业余时间来增加收入。保险顾问应了解其兼职的事情以及投资收益的来源，从而知道小星的投资能力。

第二，了解客户的目标。小星目前的工作收入不错，一年有约 14 万元的收入。可以与其深入探讨是否满意现阶段的收入，以及后续的职业规划，擅长职业规划的保险顾问也可以给予一些建议。

第三，了解客户收入稳定性。客户收入的稳定性决定了他是否有能力负担保费，以及后续的续保、加保等行为。从上表的收入的分布情况来看，目前小星的 96.7% 的收入都来源于工作收入，属于收入稳定类型。一小部分的收入来自理财收入，理财收入的多少是要随着市场行情而波动的。

在了解小星收入分布的情况后，就可以有针对性地提出保障规划的建议，包括为什么建议重疾险保额要做到年收入的 5 倍，和小星解释计算方法及规划原因，让小星感知到你的专业度，也为小星做好未来几年的行动计划。

当然，如果你的客户是夫妻两人一起进行财务问诊时，就可以清晰感受到他们两人的保险观念和理财观念是否一致，同时谁对家庭财务拥有掌控权，有助于我们了解保单促成的关键。

通过收入的分析，能让客户清晰自己家庭的收入构成，也让我们能够有针对性地为客户制定好真正适合他们的方案，让客户更加认可你的专业度，也可以提高自己的件均保费，为后续的加保做好铺垫，一举多得。

财务诊断
之支出篇

财务数据是真实的，不会骗人，因此可以通过财务数据看出家庭真实的财务现状，找到家庭财务中的问题，寻求解决的方法。在明确解决方案后，保险顾问就可以帮助客户解决隐藏的风险和隐忧，自然而然地促成签单。

在过往的展业中，你是否遇到过这两种拒绝式回应？

第一种，客户认同你说的理念，但自述没钱购买保险，并且表示等他有钱了，一定会去找你购买，实则委婉地拒绝了你。

第二种，客户说自己已经买过很多保险了，无法再加保了。

那么，我们要如何应对客户这两种让你无法反驳的理由呢？

在这里，可以透过支出盘点来解决这个问题。通过支出盘点，看看客户是真的没钱还是被浪费掉了，还是有钱不想花。

1. 了解支出的类型

要通过支出盘点来解决上述问题，首先要了解家庭支出包含的内容有哪些，见下图。

一般来说，家庭支出包含了生活支出、信贷支出、理财支出、保障支出、教育支出、旅游支出以及其他支出，每一项都是与我们的生活息息相关的。

生活支出：指日常生活费、房租、水电费、物业费、网费、电话费、交通出行费、购物社交费用、医疗费用、赡养父母和小孩的费用。

信贷支出：指房贷、车贷、信用卡、信用贷、消费贷、企业贷、房产抵押贷等。

理财支出：指基金定投、股票、年金险、银行理财产品、外汇等。

保障支出：指社保、车险、财产险以及商业保险（重疾险、意外险、医疗险、寿险）等。

教育支出：孩子学费及课外班费用，家长的个人提升费用。

旅游支出：每年用于家庭旅行的开支。

其他支出：慈善捐款、人情往来、借款等其他不明及特殊支出。

以上就是支出的分类。

接下来，我们还是以上一节"收入篇"中提到的客户小星为例，看一看她一年的生活支出。分析一下从支出表中，我们可以读出哪些有用的信息？哪些信息可以助力签单呢？

支出类型	项目	每月支出（元）	年度支出（元）
生活支出	基本生活费	2 000	24 000
	房屋水电物业费	1 200	14 400
	上网 / 电话费	200	2 400
	交通出行费用 / 停车费 / 油费	300	3 600
	购物 & 社交费用	1 000	12 000
	给父母的生活费		－
信贷支出	房贷		－
	车贷		－
	信用卡 / 消费贷等本息还款		－
理财支出	基金定投	1 000	12 000
	股票		－
	项目定投		－
	其他理财投资		－
保障支出	社保		－
	车险		－
	商业保险（重疾险 / 医疗险 / 意外险）		5 000
教育支出	线上知识付费课程		5 000
	线下课		
旅游支出	旅游计划		10 000
其他支出	捐款		500
支出合计		5 700	88 900
节余		5 000	64 500

首先，透过上面数据表可以了解到客户的消费习惯是否合理。对于在一线城市生活的客户来说，小星的消费习惯还是比较合理的，没有特别夸张的支出。这说明日常生活中，小星属于勤俭持家型，每年节余也不少（节余 = 收入 − 支出），手上有资金，后续加保就会比较顺利。

其次，了解客户是否会有理财支出。从支出表中，我们看到小星每个月会投1 000元的基金，同时也买了保险，每年保费是5 000元。在销售保险中，最难的就是打通客户的保险观念，对于已经买过保险的客户来说，只要给他做好梳理和规划，他是非常愿意加保的。案例中的客户年交保费只有5 000元，但他的年收入有十几万元。从四大账户来看，客户还有1万~ 1.5万元的预算可以用来加保，做足全面的保险规划。

再次，可以看出客户是否愿意在学习上投入资金。小星每年会在学习上花5 000元，说明她愿意投资自己，通过学习来获得成长，那么就可能带来未来收入的增长。未来他对孩子的教育也会非常重视，对教育金规划及孩子的保障规划就会很上心。只要你成为他认可的保险顾问，你就能够拥有源源不断的加保机会。

最后，可以了解他是否需要赡养父母。从表格中可以看到，小星现在暂时不需要每月给父母一笔固定支出，少了一份压力。

从上可以看出，支出盘点表是一个宝藏工具，可以了解到客户家庭非常多的信息以及客户的实际想法，让我们更加快速地了解客户，拉近与客户之间的关系。

2. 学会记账，清晰家庭收支

在实际运用时，我们会发现非常清楚自己家庭支出情况的客户非常少，大部分都是处于模糊的状态，那这种情况下我们该怎么办呢？

可以建议客户记账。常用的记账方式一般有以下三种。

第一种是手工记账，适合喜欢手账或者用excel表格的客户。

第二种是各种类型的记账App，比如，随手记、挖财等。软件中会有很详细的分类，也可以创建不同的账单，比如，生活账单、旅行账单、装修账单、投资账单等。直接把每天开销记在里面，定期进行复盘。

第三种是直接导出微信、支付宝以及信用卡账单。现在人们的消费基本都在这三个消费系统中，直接从微信、支付宝、信用卡中导出账单，可以非常清晰地看到实际支出的情况。

支出盘点可以让客户清晰知道自己的钱花哪里去了，花得是否合理。让客户在每年年初通过做财务预算控制好支出。通过持续提高收入，同时控制支出，增加节余，就可以带领客户一步步做好家庭财务规划。

现在再来看最开始提到的两个客户异议。

第一个，关于没钱买保险的问题。我们通过对客户支出的梳理，可以帮助客户找出被浪费掉的支出，助其将"浪费"变成资产。

第二个，关于已经买过很多保险，无力负担新增保单的问题，同样可以通过支出盘点，清晰了解客户的支出情况，这样我们就能知道客户是真的无力负担还是不知道原来自己每年有不少的节余。如果是无力负担，则帮助客户梳理出被浪费掉的钱，将"浪费"变资产。如果是不清楚原来自己每年有不少的节余，梳理完之后客户就会知道自己是有实力来加保的。

通过支出盘点，保险顾问可以更清晰地了解到客户的消费观念、理财观念、是否买过保险、对待保险的观念、未来的加保空间等信息。同时，保险顾问也可以了解到客户对于学习的投入度，如果客户自己很爱学习，可以预料到客户对孩子教育的重视度，为后续的教育金以及孩子的保障规划做好铺垫。这样就可以实现有效的持续客户经营。

财务诊断
之资产篇

在很多客户的观念中，保险并不是资产，而是一种消费。所以在做理财规划时，客户不愿意投入大量资金来配置保险。

但其实，保险属于资产。保险是家庭资产配置结构中的底层资产，保险也是对家人爱和责任的体现，能帮助每个家庭转移疾病风险、意外风险以及财务风险。因此，对于每个家庭来说，保险是十分重要的资产。

1.了解资产盘点

家庭资产包含实物资产和金融资产。实物资产就是指房产、汽车、家具、首饰等有实物形态的资产。在中国，房产配置的比例是最高的。金融资产则包含了现金、银行储蓄、基金、股票、保险、期货、股权等。

透过标准普尔四大账户，我们需要从资产配置的角度来看保险，而不是以保险的角度来看资产配置，要了解保险对于不同类别的客户在资产结构中起到的不同作用，见下图。

对于资产较少的人来说，他们处于财务积累阶段，目前只有少量的银行储蓄或者是基金。在配置保险时，如果拿出1万元来投保，就可以获得50万元甚至更高的重疾险保障，就可以迅速提高他的资产水平。

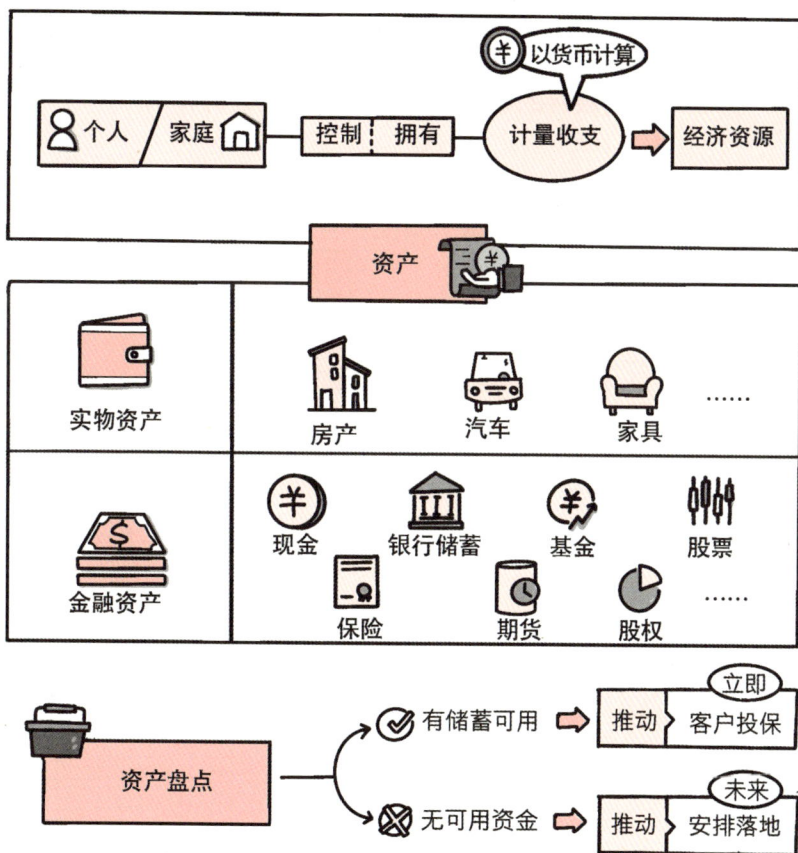

而对于中产家庭客户来说，通过之前的奋斗，已经有房有车了，也有一定的金融资产，有股票、基金等。配置保险对于他们是提高身价的一种方式，同时他们还可以拥有专属资产，如教育金、养老金、年金险等。年金险可作为婚前财产和婚内财产规划的好工具，可以提高中产客户在婚姻中的资产保护。

对于高净值客户来说，保险代表更高层次的安排，可以达到税收和债务的隔离，在财富传承中有着不可替代的作用，这也是成交大额保单的秘籍，见下图。

保险对不同层级的客户在资产结构中起到的作用

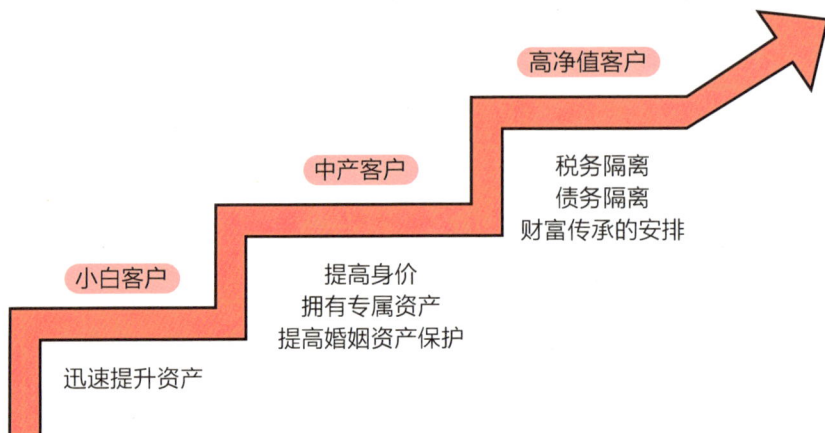

高净值客户

税务隔离
债务隔离
财富传承的安排

中产客户

提高身价
拥有专属资产
提高婚姻资产保护

小白客户

迅速提升资产

2. 如何进行资产盘点

在了解了资产盘点的作用后，如何做资产盘点？以及通过资产盘点，我们又可以为客户做哪些规划呢？接下来，我以小美一家为例来进行资产盘点分析。

小美一家人生活在杭州，自己是国企员工，丈夫从事的是 IT 技术行业的工作。小美今年 30 岁，与丈夫结婚 4 年，现在两人育有一个 2 岁的女儿。已经退休的婆婆与他们同住，平时在他们上班时，帮助他们照顾孩子。婆婆自己有退休工资以及存款，因此，夫妻两人平时也无须单独给婆婆生活费。

通过了解小美一家的基本情况，我们发现，小美夫妻俩收入都不错，消费习惯合理，且会做合理的投资。那么，他们一家人现在有哪些资产呢？

总资产	项目	金额（万元）
保障资产 （保额）	自己的重疾险	30
	自己的寿险	
	先生的保险	30
金融资产 （账面余额）	储蓄	30
	股票	10
	基金	20
	债券	
	外汇	
	P2P	
	保险年金	
房产 （市场估值）	房产 1（自住）	300
	房产 2（投资）	200
企业资产 （企业估值）	全资：创办 XX 公司	
	控股：投资 XX 股权	
	参股：众筹 XX 项目	10
社会保障	公积金账户	
	社保个人账户	10
其他资产	……	

资产合计（万元）：640

从上表中我们可以看到，小美家的资产具体可分为很多类，包含保障资产、金融资产、房产、企业资产、社会保障等。

重疾险和寿险这两种类型的保额也属于保障资产。但是在上表中，我们看到小美为自己和先生都配置了 30 万元保额的重疾险，都没有配置寿险。两人拥有 30 万元存在银行，10 万元股票，20 万元基金。还有两套房产，一套 300 万元的自住房产，一套 200 万元的投资型房产。参股一个公司项目，共投入 10 万元。社保个人账户约有 10 万元。家庭资产合计为 640 万元。

通过资产盘点，我们能够立刻清晰地知道小美家的标普四大账户的分配情况。从中我们发现，小美家有 30 万元放在银行，你可以推动客户立即加保，进行下一步规划。小美和他先生因为有足够的存款，后续想要加保需要顾虑的因素就很小，很容易加保。

如果客户目前没有储蓄可以用来加保，那么可以结合收入支出情况，同客户一起做好未来的安排计划；也能带领客户进行保单盘点，进行查漏补缺。

在资产盘点中，我们可能还会遇到以下几个问题，我们来看看应该如何作答。

（1）买了医疗险是否计入资产？

医疗险属于消费型，理赔时是按实际花费金额来报销的，因此不属于资产。

（2）意外险是否计入资产？

由于意外属于小概率事件，大部分购买的意外险都是一年期消费型的，因此也不列入资产。

（3）年金险是否计入资产？如何计算资产？

是，应为保单现金价值与万能账户现金价值的总和。由于资产是当需要时能够变现为现金来使用的，那么年金险在合同未到期时，能够变现的额度就是现金价值。如果已有生存金返还到万能账户，万能账户的现金价值也应计入资产。

（4）企业资产如何填写？

应填写当下的在市场的估值，以市价为准。

资产是每个家庭积累的蓄水池，利用资产盘点可以看出家庭资产的去向，资产配置是否合理。同时通过资产盘点也可以分析出客户投资的理念、保障的额度是否匹配以及是否有可动用资金来做保险规划。这样能够清晰地了解后续成交保单的胜率有多大，以及能够成交多少额度的保单。

财务诊断
之负债篇

在向客户推销年金险时，当你和客户说，这个产品很适合做养老规划时，客户可能会回答说退休时有社保就够用了。当你向宝妈推销可以用作教育金的年金险时，客户可能会回答公立学校不需要花太多钱，并且家里经济紧张，没有钱买。

这些异议背后的根源其实是客户在面对未来规划时，心中没有"责任即负债"的概念。对于创富期的人来说，房贷、车贷、外债属于负债。抚养孩子既是家长的责任，同时也是一种"负债"。在赡养父母过程中，需要承担生活开支，即医疗支出，这也是一种"负债"。对于自己来说，自身的养老金也是未来的负债。

这就是人生中的三座大山：医疗、教育及养老。作为保险顾问的我们可以和客户一起对负债表进行盘点，激发他对于未来负债的规划，最终促成保单。

1. 认识负债

"负债"一词在生活中很常见，很多人都有负债。出现收支不平衡，就会很容易出现负债。那么，现在我们常说的个人（家庭）负债主要有哪些呢？

一是长期的负债，指需要长期偿还的债务，比如说房贷、车贷、养老、教育、医疗等；

二是流动的负债，指日常的生活支出费，比如水电费、物业费、租金等。

其实，负债不单只包含看得见的房贷、车贷，以及其他借款，还有未来的生活成本、孩子的教育金、未来的养老金以及父母的赡养金等看不见的支出。这属于未来生活需要承担的费用，也属于负债。负债还包含了未来的生活成本、剩余未交的保费、未还清的贷款、未来的规划、投资或创业计划、梦想和心愿等，见下图。

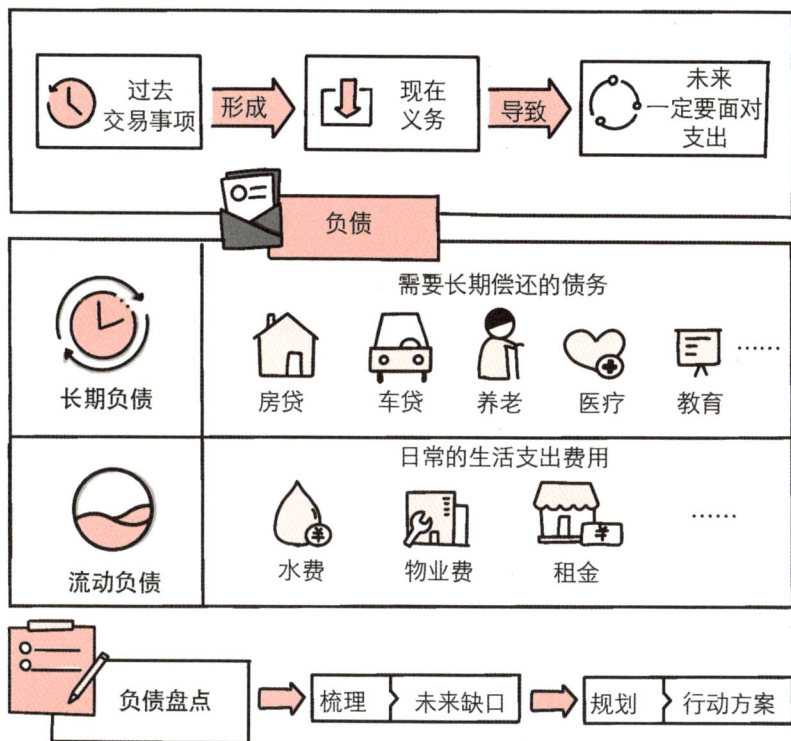

孩子的教育金、我们的养老金以及父母的赡养金是否都准备好了呢？总共需要多少？你准备了多少？缺口有多少呢？

在前文提到的"人生周期图"的内容中，我们了解到，一个人创造累积财富的时间主要集中在 35～50 岁。在我们最宝贵的创富周期中，通过收入盘点就发现，90% 以上的人都是要靠时间来创造财富的，所以我们需要考虑，这个时候万一生病罹患了重疾，无法工作，还需要一大笔钱来治疗，这就是医疗的负债。我们可以通过保险来把风险转嫁出去。

2. 借助负债表格规划未来

我们应该如何借助负债表格来填写这些数据呢？我们同样还是以生活在一线城市的客户小美一家人为例，看一看她家未来的负债会有哪些。

在上一节中，我们了解到，小美一家人有存款，有投资房产，夫妻两人还有为自己投保重疾险。这个家庭看起来抗风险的能力十分不错，生活似乎也没有什么需要担忧的部分。接下来，我们为小美家进行负债盘点，帮助他们提前规避、应对未来的风险。

首先，我们需要盘点未来需要承担的费用。

第一个是未来的生活成本，指的是工作期内的生活成本。目前客户是 30 岁，每年花销为 10 万元，到 60 岁退休时，生活成本约 300 万元。

第二个是剩余未交的保费。如果已通过重疾、医疗、寿险及意外险转移风险，未来剩余的保费也算作负债，金额约为 50 万元。

第三个就是未来的房贷、车贷，还有借款等。小美一家目前的按揭贷款剩余未还清部分约为 100 万元。

第四个是未来的规划，包含孩子的教育金、自己的养老金、父母的赡养计划。例如，孩子的教育金根据每个家长的规划而定，客户小美的想法是先按照 100 万元来估算。自己的养老金也要由自己来承担，自己想要拥有的生活品质决定了养老金的多少。

小美说，预估退休后和另一半的生活花销按照现在每年支出 10 万元的水平来估算，按照目前平均寿命 80 岁来准备养老金，假定通货膨胀率为 3%，小美现在为 30 岁，到 60 岁时经过 3% 的通货膨胀率，每年支出 10 万元变为约 24.3 万元，就可以计算出小美和另一半 60 ~ 80 岁要准备的养老金约 486 万元。

而有关父母的赡养计划，至少要另外准备 50 万元的资金。小美未来还有投资或创业的计划，因此至少需要再预留 50 万元。

负债	项目	金额（万元）
未来生活成本	工作期内的生活成本	300
剩余未交保费	自己的保险费	50
	××× 的保险费	
	××× 的保险费	
未还清贷款	房子的按揭贷款	100
	车辆的按揭贷款	
	其他借款	
未来的规划	孩子的教育金	100
	自己的养老金	486
	父母的赡养计划	50
投资或创业计划	×× 项目	
	×× 项目	
梦想心愿	×× 心愿	50
	×× 心愿	
其他		
负债合计（万元）：1 136 资产净值（万元）：－496		

如上表所示，可以看到客户小美家庭整个负债的合计为 1 136 万元，资产合计为 640 万元，那么目前仍有 496 万元的资金缺口（资产净值 = 资产 – 负债）。

以上就是我们在负债表格当中重点需要跟客户一起去盘点的，也是需要通过保险来解决的。一个家庭如果能把医疗、教育、养老安排都安排好，就能实现终身有钱花了。

盘点完负债，明确了未来的规划，那接下来就要对手上资金进行合理配置，对教育、养老、医疗、父母赡养等一一做好落地规划，提前安排，才能减轻未来负担，越早安排就越轻松，需要的资金也就越少。

在与客户盘点负债表时，我们还可以和客户深入交流对未来生活的想法，以及感受到他对保险的态度，帮助其梳理未来的保障缺口，为保险缺口规划方案和计划，这非常好地展现了作为保险顾问的你的专业度，也让客户真实感受到你是站在他的立场上来给他解决问题的，那么后面签单成交都是顺其自然的事情。

在负债盘点的过程当中，主要有以下两个常见的异议处理。

第一，为什么未来的生活成本以及规划属于负债？

因为未来的生活，就是未来要过的生活状态，如果想要过上这样的生活，一定要有对应的支出，所以，未来生活成本属于负债。

第二，如何去计算孩子教育金的缺口、养老金的缺口以及保障的缺口呢？

关于教育金的缺口，可以让客户根据自己家庭和当地的实际情况估算。比如，上公立和私立学校的学费差异就很大，还有兴趣班的选择也是全看家长的选择。因此，教育金具体准备多少，需要根据自身家庭情况来定。

关于养老金的计算。举例客户现在的年龄是 30 岁，预计退休的时间是 60 岁，按照目前平均寿命 80 岁来计算。同时可以让客户选择退休后是否要降低生活水平还是按照现在的生活水平来准备养老金，一般客户都是选择维持现在的生活水平来计算。

2021 年，中国居民的人均支出 3 万元。我们以此来计算，那么夫妻一年支出就为 6 万元，经过 30 年 3% 的通货膨胀率后，6 万元变成了 14.6 万元，客户养老金的缺口为 14.6 万元 ×20 年，就是 292 万元。

关于保障的缺口的计算，直接按照保险四大账户来计算即可。

总的来说，负债不仅是房贷、车贷，还包含人生责任，人生中的三大刚需：医疗、教育、养老都属于负债。通过负债的盘点，可以更加了解客户的财务目标，了解客户真正的财务需求，以及对未来生活的想法，这个探讨的过程也是对自己人生的一个梳理，这个过程也能快速提升你在客户心中的专业度和信任度。最后，根据客户的实际情况，帮助制定保障规划、教育金及养老金规划的落地行动计划，从而顺利促成签单。

财务诊断的过程就是对客户家庭财务进行"把脉"的过程，就像我们看中医之前，医生都会对我们进行把脉，通过望闻问切之后才能对症下药。同样的，我们想要给到客户真正适合他们家庭的理财规划建议，同样需要经过"把脉"，通过对收入、支出、资产、负债的盘点，将家庭财务状况清晰地呈现在我们面前，这样才能快速给出适合客户的配置建议，促成签单。

"四大账户"
让资产更稳健

很多保险顾问在与客户沟通时，常用标准普尔四大账户来推荐家庭保单，运用现金账户 10%、保障账户 20%、投资账户 30%、资产保值账户 40% 等相关专业数据来做背书。但很多时候客户的反响并不如意，甚至会质疑这个理论的正确性，觉得这是不可能实现的。

四大账户还有一种常见的使用场景。当客户不愿意聊保险，更愿意聊理财和赚钱相关的话题时，很多保险顾问由于对理财项目的不了解，所以更愿意使用四大账户来和客户深入沟通。

如今互联网发展十分迅速，客户可以自行在网上搜索与四大账户相关的信息。搜索结果会有很多负面信息，例如资产配置象限图的英文版出处是无从考证的；有人认为四大账户时代不明，或认为这个比例不考虑实际，是无法达到的。虽然网上的内容并非完全正确和客观，但当一个理论有了负面的评价，客户对内容的接受程度就会降低。

四大账户流传已久，必然有它的道理。做好资产配置也是理财领域不可撼动的真理。那为什么别人用了这个逻辑就能轻轻松松签单，而自己用的时候效果总是出不来，还会带来一大堆副作用呢？接下来就深入解析一下具体原因。

首先要明确一个问题，客户之所以不被四大账户打动，是因为保险顾问自己对于四大账户的认知就是错的。要想改变客户的观念，和客户有效交谈，首先需要避开几个认知误区，见下图。

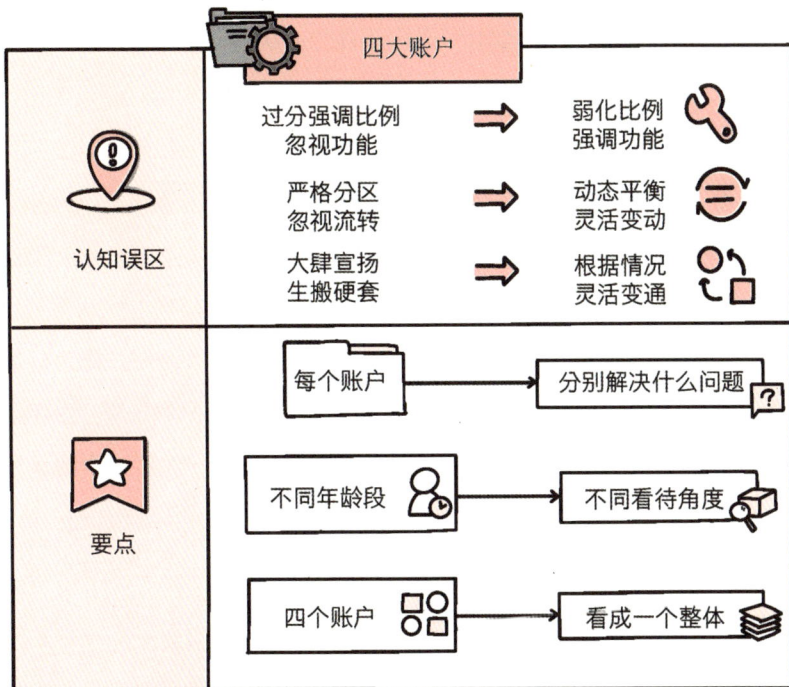

1. 过分强调比例，忽视功能

很多保险顾问在与客户沟通时只盯着各账户的比例，和客户讲："保障资产要有 20%，你需要买保险。投资资产只有 30%，所以不要再买房和炒股了。长期收益账户要有 40%，所以要买年金险。现金只留 10% 就好了……"客户听到这些严苛的比例要求，只会想逃跑。

正确的观念应该是弱化比例，强调不同资产的功能。不同资产要做不同安排，一部分现在用，一部分留给未来。在前面的"人生周期图"

中提到过：赚钱一阵子，花钱一辈子。现在赚的钱要留一部分给未来，有一部分要用来赚更多的钱，有一部分要用来防守，保护已有的资产。这种资产功能的区分，可以保障客户资产结构的安全性，保障家庭财富持续稳定健康发展。

至于四大账户的分配比例，只是一个理想的状态，是不断努力的方向，可以不过分强调。

2.严格区分，忽视流转

很多保险顾问会认为这些账户的钱各有各的功能，各有各的安排，应该严格区隔开。但这四个账户之间是相互独立还是紧密相连可以流动的呢？答案当然是后者。

比如第四个账户的年金险，产生的生存金可以转到现金账户作为日常消费，也可以用来交保费，这就链接到了第二个账户即保障账户。生存金还可以用来还按揭，这就链接到了投资账户。同样，第一个账户里的钱也可以转到其他账户里，年金险里的钱可以贷出来买房，也可以贷出来投资。

总而言之，这四个账户不是严格区隔开的，而是一个动态的平衡，这个比例不是固定的，是可以灵活变动的。

3.大肆宣扬，生搬硬套

理财规划不是机械地生搬硬套某个理论，因为每个家庭的情况不同，收支不同、资产负债不同、风险承受能力不同、职业成长性不同、价值观不同等，都会导致理财规划不同。盲目照搬是不可取的，需要根据客户的实际情况灵活变通。

理财规划的基础风险管理规划也要因人而异，在做保险规划时一定要认真审视客户的家庭状况、收支状况、资金状况等，理清客户需求，才能帮客户完成风险规划，体现自身的专业价值。

四大账户关键点是不同类型资产的配置，而不是账户的具体比例。

各个账户的资产是可以相互转换的，而不是锁死的；需要根据不同家庭情况来做调整。下面将展示几个账户配置案例。

小 A，22 岁，刚毕业，手上的资金有限，只买了一份保险，其他的账户都还没有配置，见下图，这也是很多刚毕业年轻人的资产状况。

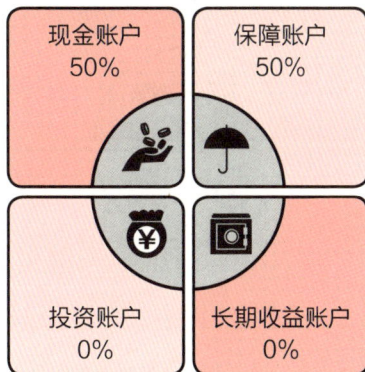

小 C，32 岁，刚刚结婚，家里的积蓄都已用来买房，手上资金不宽裕，收入大部分用来还房贷，长期收益账户还没有来得及配置，见下图。这也是很多新婚夫妇刚买房时候的资产状况。

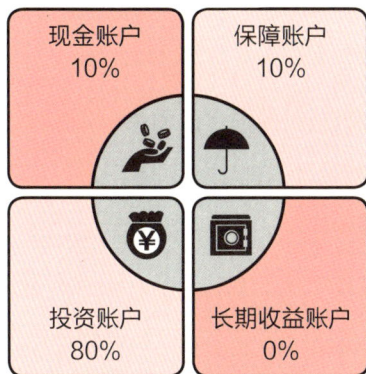

一对 56 岁的老夫妇,即将退休。不喜欢高风险投资,除保险外,资产大部分都在万能账户中。手上留有一些现金,但没有投资账户,这种情况也很常见,见下图。

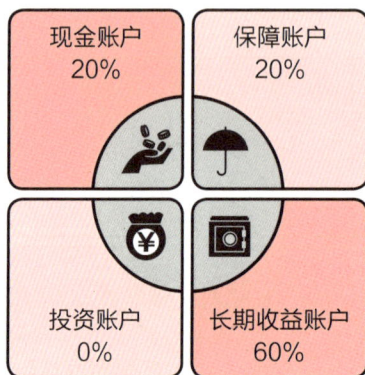

现金账户 20%	保障账户 20%
投资账户 0%	长期收益账户 60%

在不同的人生阶段,资产配置比例应该是不同的。四大账户的运用可以十分灵活,搭配人生周期图,一起使用效果最佳。只有客观引导,才能读懂客户真正的需求,简单地照搬只能带来无效沟通。

当为客户讲解四大账户时,很多客户对其中的观念和比例是抱有怀疑态度的。这是为什么呢?

我国很多家庭还处在初步创造财富的阶段。从过去的十年到未来的十年,大部分国人需要先安排好自己的生活,比如衣食住行、赚钱、投资、创业的追求等,对风险可能估计不足。

在四大账户中,20% 的保障账户面对的是风险,40% 的长期收益账户面对的是未来和长期规划。如果一个人没有远见,没有人生规划,不懂得人生周期,也没有风险意识,是无法说服自己配置 20% 的风险保障账户,并且预留 40% 的钱给未来的。他们会选择把钱花在消费上,或者放到投资里中赚取收益。在这种观念的影响下,客户对你的解读很难产生真正认同，会产生无效沟通。

接下来，对四大账户的方法进行详解。

先来看家庭资产象限图，主要强调了资产的切割和分配。但如果只是简单的分配，资源并没有实现最大化利用。

正常来说，现金账户只要保证短期周转就可以，但现在很多人为了保证资产的灵活性，将大量的资金闲置在银行中。对于保障账户而言，它解决了求医问药等问题，主要是对冲及转嫁风险，满足了医疗、意外等问题的风险对冲。投资账户是获取收益的主要途径，要抓住机会，也要考虑风险，这里包括股票、基金、房产等。剩下还有 40% 是长期收益账户，需要考虑安全性、持续性和复利性。

四大账户主要有以下三个要点。

第一点是需要清楚四大账户里每个账户分别能解决什么问题。

第二点是不同的年龄阶段看待四大账户的角度是不同的。比例只供参考，并不是绝对值。所处的人生阶段不一样，比例分配也是不尽相同的。

第三点是要把这四个账户看成一个整体。20% 的保障账户和 40% 的长期收益账户都是属于未来的长期账户。而教育和养老资金则是未来长期可用的。四个账户是相通的，需要从整合的角度来看待问题。

一方面，以长期收益账户举例，如果通过保险年金做配置，教育金、养老金和万能账户都包括在其中，可以维持持续稳定的复利，从而解决刚需。如果一个客户正面临着投资机会，想要买房，也可以从保单中提供支持。保单贷款的功能就是把长期资金借过来做短期安排。在需要资金支持的时候，长期资金是可以用来支持短期或中期规划的。

另一方面是保障账户，很多保险公司都可以保单满 20 年转年金。如果 20 年以后面临资金短缺的情况，保险中的一部分钱就可以拿来作为长期账户转年金。

长期收益账户中有万能账户和生存金，在需要使用时可以周转和调拨。账户之间是相互联系的。

如果用整合的思维来看待四大账户，客户会对保险顾问的信任度有所提高。保险顾问可以站在客户财务的角度帮他布局，通过配置提高资金的利用率，又能够满足当下，把不同属性的资产打通。

四大账户只是一个指导方向，讲解了四个区块中的功能作用及弱点和长处。而作为保险顾问，最需要的是能够真正客观地解读四大账户，而不是单纯用四大账户来营销保险。

通过以上的解读，你对四大账户的运用是否有了新的感悟呢？在实际应用中，需要整合资源，而不是分割资源；需要提高资金利用率，而不是降低资金利用率；需要从眼前看到未来，需要从风险性看到安全性，需要从保值看到杠杆，也需要看到眼前的机会。

客户有很多需求要被满足，如果只是一味夸大或强调保险的功能，而忽略了客户当下最主要的需求，就很难跟客户达成共识。作为一个保险顾问需要懂得两项知识：第一项是关于风险本身，也就是保险；第二项就是资产配置，一定不是站在保险的角度看资产配置，而是从资产配置的角度去看待保险在法律、婚姻、杠杆及保障中的重要作用。当自身看待问题的角度变化后，自我认知与客户评价也会顺着发生变化。

第 4 章

让客户发现自身需求，给客户的 6 个成交理由

如何让客户知道该怎样选择适合自己的保险？

我们可以通过简单的方式让客户了解到保险的选择。有时客户可能会对保险有异议，认为保险没有用。在这时，我们需要准备一些保险的故事来引出下一步的话题。

我们来看一个关于美国士兵的故事。

亨曼先生被派到了美国的新兵培训中心，推广军人保险。听他演讲的新兵100%都自愿购买了保险，从来没有人能够达到这么高的成功率。培训主任就很想知道亨曼先生的推销之道。于是，这个培训主任就悄悄地来到了课堂，想听一下亨曼先生到底对新兵讲了什么，能够达到100%的保险购买率。

亨曼先生是这么说的："小伙子们，我要向你们解释一下军人保险带来的保障。假如发生了战争，你不幸阵亡了，而你生前买了军人保险，政府将会给你的家属赔偿20万美金。假如你没有买保险，政府只会支付6 000美金的抚恤金。同样是在战争中阵亡，买了保险和没有买保险家人得到的赔偿金是不一样的。"这就和有的客户提到说生命都终止了，还拿钱有什么用的疑惑是相同的。

士兵也有这样的想法：再多的钱也换不回自己的命，为什么还要购买保险呢？但这时亨曼先生回复说："想想看，一旦发生战争，政府会先派哪种士兵去战场呢，是买了保险的还是没有买保险的呢？"从士兵的角度来讲，如果去世了，20 万元和 6 000 元美金对他没有任何的意义，都是留给家人的，对自己的生命而言没有任何的好处。但对于政府而言，同样是一个生命，买了保险的要赔 20 万元美金，没有买的只赔 6 000 元美金，从商业者的角度来看当然是派没买保险的士兵上前线更划算。所以我们发现了买保险的作用，它可以换来生的机会。

还有一类客户是认同保险的重要性的，但由于经济紧张，没有多余的钱来投资保险，这种情况也是比较常见的。

常言说病来如山倒，病去如抽丝。我们在不少的电影或者电视剧中，常常会看这样的故事情节：一个原本幸福的家庭，由于作为家中顶梁柱的爸爸某天突然被检查出身患重病，面对巨额的医疗费用，家里开始变卖房产，向周围的亲戚朋友或是借贷公司借款。投入十几万元甚至几十万元用于治病。通过治疗，人虽然活了下来，但是因疾病导致身体大不如前，丧失了劳动能力和个人的生活自理能力，需要家人全天候照顾。不仅如此，生活也发生了翻天覆地的变化。面对巨额负债，一落千丈甚至无法温饱的生活水平，以及巨大的精神压力，幸福快乐的家似乎变得遥不可及。更残忍的是，有些人花光所有的钱甚至负债累累，却依旧无法挽救生命。

在我们的朋友圈中时常会出现疾病的众筹消息。一场重疾很可能夺走你所有的积蓄，一场意外很可能让你一无所有。针对这种经济紧张的客户，我们首先要转变客户的观念，才有办法解决买保险的各种问题。我们可以和他讲，正是因为你经济紧张，你更需要买保险。因为你病不起，就更需要通过保险来解决看病的经济支撑，给自己留了有尊严活下去的机会。

还有一种常见的情况是，客户说已经买过保险了。很多保险顾问会认为这个客户没法发展了，沟通就终止了。但有经验的保险顾问会提出帮客户盘点保单。但如果直接提出帮客户看保单，客户有很大可能会拒绝。保险合同是很重要很私密的文件，不会轻易示人。或者他很忙，没空将保单拍下发给你。这些均有可能。

客户提出自己已经买过保险了，有的是真的买过了，不清楚自己是否需要增加，所以不想深入沟通。有的是客户的一种托词。但是也有极少数客户虽然他已经买过保险了，但是随着信任度的提升，客户是愿意与你继续交流的。那对于这种情况，我们应该如何交流呢？

高级的营销就是给出"诱惑"。如果客户和你说买过保险了，你可以这样反馈给他："请问一下你有23张保单吗？来，一起花3分钟，我们来爬个格子。"这里有几个关键词需要注意，首先是23张保单，通常客户无法达到这么多的数量；第二是3分钟，3分钟对于大部分客户而言都拿得出来。那接下来要怎么做呢？

我们需要给客户展示这张图片，叫作保险四大账户的检视图，它将一些复杂的表格进行图形化展示。保险的四大账户包括人身意外账户、健康保障账户、年金领取账户、投资理财账户。

我们可以给客户看这个图，从下面这幅图中可以看出家里人都买了什么样的保险。首先，可以询问有关意外险的信息。比如家中的丈夫一年赚20万元，那他的意外保险就需要达到两百万元，还有孩子的意外险等。我们可以和客户确认这些信息，记录下他的反馈。

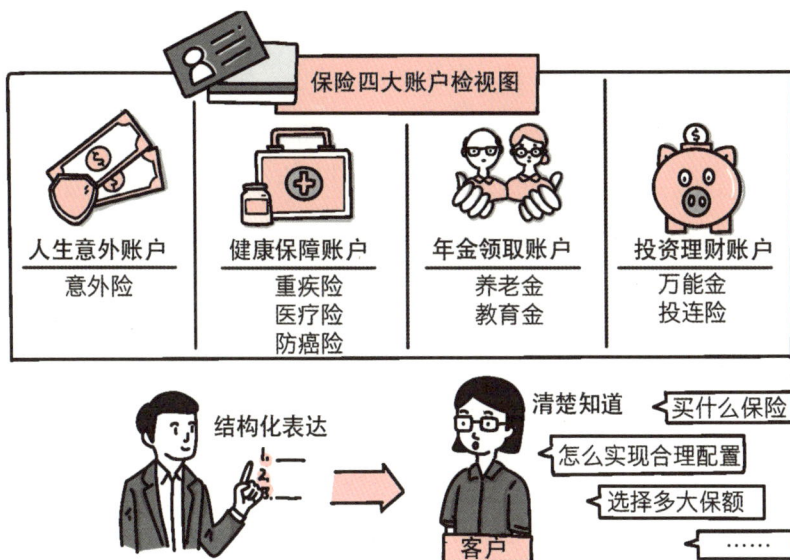

保险四大账户检视图

人生意外账户	健康保障账户	年金领取账户	投资理财账户
意外险	重疾险 医疗险 防癌险	养老金 教育金	万能金 投连险

结构化表达

清楚知道

买什么保险

怎么实现合理配置

选择多大保额

······

客户

第二个是健康保障账户，这是每个家庭成员都要保的。一般建议健康保障账户 50 万元起步。如果是在一线城市，并且负债比较多的话，建议是要一百万元起步。可以根据情况合理匹配重疾险、医疗险、防癌险等产品。可以询问客户目前的重疾险和医疗险的保额是多少，记录下客户的回答。

第三个是年金险，需要了解客户名下有多少年金的保障，是否有安排养老金和孩子的教育金。一般来说，每年收入的 10%～15% 要做一个长期确定性的安排。还有万能金账户或者投连险等，可以将这些分开来记录。

这样可以让客户可视化、简洁、高效地了解到他买了哪些保险，更方便客户管理自己的保单。这就叫保险四大账户检视图，这种结构化的表达方式让客户更清楚地知道应该买什么保险，怎么实现保险的合理配置，选择多大的保额等。

以三口之家、四位老人的家庭关系为例，如果要配置齐意外险、重疾险、医疗险、教育金、养老金和寿险等，保单数量加在一起应不少于 23 张。这就是我们前面询问客户是否有 23 张保单的原因。如果以单身人士为例，他需要有医疗险、意外险、重疾险等至少 3 张保单。如果他有财务规划思维，还会购买一些年金险，那么至少也有 3～5 张保单。不同的保单可以解决不同的保障问题。

如果客户反馈说没有 23 张保单，那意味着什么呢？

第一，客户发现自己已买的保险项目是不足的，涵盖的范围仍有遗漏。

第二，已买保险并没有覆盖到家中每一位成员。所以客户会明白，自己虽然已经买了保险，但并没有买够保险或者买对保险。

我们所做的工作，主要是帮助客户回顾，他买的保险是否正确，数量是否足够，以及覆盖是否全面。之后，客户是否需要加保或者其他服务，这取决于每一个客户的健康状况、财务状况等，我们可以给他一些专业化的建议，让客户对于他拥有的保障以及未来要添加的保障有更清晰的认知。

从保险的角度来讲，我们需要通过家庭保单帮客户规划保险，做到广覆盖和全覆盖。在客户买完保险后，我们还需要站在客户的角度告诉他，这份规划对于他家人意味着什么。由于很多人对保险产品仍抱有不理解和不支持的态度，作为专业的保险顾问，我们需要帮助客户解决他的内在的问题，帮助他构思易于理解的沟通语言。

举例来说，如果客户是为父母做规划和保证，我们可以告诉客户，以类似的话语和爸妈沟通，可以更好地让他们理解这份保单的含义。例如：

致亲爱的爸爸妈妈：

谢谢你们生下我，养育我长大。教会我认识自己、认识世界，在我成长的过程中，我记下了生活中的一点一滴的幸福，感觉到你们那无尽的关爱，感觉到你们为了我默默奉献。爸爸您是山，您的爱是伟大的，坚强而又大度，您使我记住了宽容，懂得了自强；妈妈您是海，您的爱是温暖无私的，淳朴而又细腻，您教会了我如何感恩生命，感恩生活，如何用爱心去善待世界上的每一个人和每一件事。2020 年，是爸爸当爷爷的第一个父亲节，我为你们准备了赡养金，这份规划足以让你们养老无忧。

如果是为孩子配置的保险，可以用这样的寄语，为孩子讲述这份保单的含义。例如：

致亲爱的宝贝：

这封信里有我和你爸爸对你的爱、祝福和期望。从你出生的那一刻起我们就想让你健康、快乐地成长，给你一个温暖幸福的家。孩子，我希望你是一个快乐、自信、坚强的人，要诚实守信、有责任感、有担当、懂得爱。妈妈希望你养成好的习惯，好的习惯使人终身受益。

孩子，你是妈妈的宝贝，这种血缘关系是前世修来的，是上天赐予我们的。妈妈非常珍爱你，但妈妈更想做你的朋友，做最亲密、最要好的朋友，一辈子的朋友。

2020 年是宝贝的第一个儿童节，妈妈为你准备了一个教育金专用信封。在当下尽我们所能为你准备好教育金，希望未来你的人生有更多的选择，无论是演讲、艺术、旅行、兴趣、学业，你都有更精彩、更称心的开始。

如果这份保单是送给爱人的礼物，可以这样诉说，寄托爱意。例如：

给亲爱的：

年轻的我们努力奋斗，创造财富，执着梦想的追求，享受财富带来的生活品质。可其实人生最后的 10 年、20 年的活法也同样是决定一个人这辈子是否活得精彩的关键所在。

年老的我们不能创造财富，但经历了漫长人生和岁月磨砺，心灵深处更加从容与安详，更加明白生活的真谛是什么，到了开始安享人生的时候了。从容、安详、优雅地老去，是年轻时为年老的自己选择和规划的生活态度和生活方式。优雅地老去不是遥不可及的梦想，是我们的生活智慧。

致我最爱的人，2022 年是我们结婚纪念的 3 周年，我为你准备了一个从容人生的专用信封，让我们一起携手享受工作、享受生活、享受从容、享受未来。

在客户购买保单后，他会希望把这份爱意传达给家人，有可能是默默的一封信，也有可能是结婚周年纪念日的礼物；有可能是为爸妈准备的礼物，也有可能是给自己家庭的保障。我们不仅要以简单、明确的方式帮助客户完成保险规划，同时也要帮助客户将这份爱意传递给自己的家人，让爱没有遗憾。

用保险阶梯图，让客户配置保险步步为赢

保险阶梯图是人人入行必学必讲的一张图，但对大多数人来说这张图既熟悉又陌生。对于这张保险科普知识图，每个人的认识都是不一样的，因为熟知并非真知。

1. 如何用保险阶梯图与客户进行沟通

在保险行业中，每个人对这张图都有自己的解读方式，不管是用家系图，还是用人生周期图，或是用其他某种方法，虽然表面上看大同小异，表现出的是一种差异化的理解。这里面蕴含个人的行业经验，对客户的体会，以及对专业的应用。

这不是学知识，也不是简单学方法，而是需要转变思维。明白更高级的学习是学习到某一类人或者是某个人洞察或者解读这类事情背后的思维模式和思考的过程，以及反馈出来的表达能力、呈现能力。

在使用保险阶梯图（见下图）与客户进行沟通时，需要你和客户的关注点一致。如果关注点出现差异，就要去了解客户最关注的问题是什么，还有哪些保险选择的重点是客户忽视的。假设客户看到这张图，对其而言印象最深的是什么？是社保还是商保？是消费型还是给付型？是年收入10万元，20万元，还是50万元，100万元以上？

139

保险阶梯图

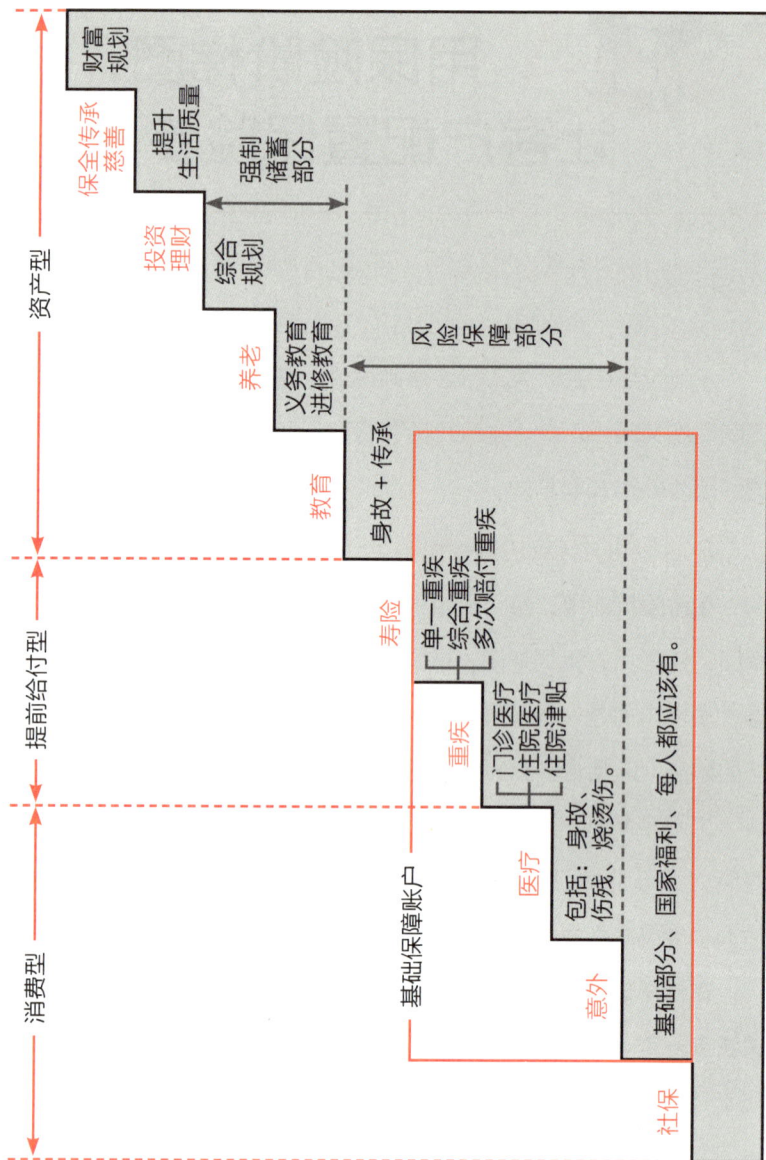

保险是用来做什么的？是用来分成各家的家庭保险。

消费型　　　提前给付型　　　资产型

社保　意外　医疗　重疾　寿险　教育　养老　投资理财　保全传承慈善

基础保障账户

基础部分、国家福利，每人都应该有。

包括：身故、
伤残、烧烫伤。

门诊医疗
住院医疗
住院津贴

单一重疾
综合重疾
多次赔付重疾

身故＋传承

义务教育
进修教育

综合规划

强制储蓄部分

提升生活质量

财富规划

风险保障部分

140

不论是在一二线城市，还是三四线城市，或县城的客户都对保险存在需求。但是，同样的年收入，对于居住在不同城市的客户而言，其概念是不一样的。有的客户会觉得年收入要超过 30 万元才能买教育年金险；有的客户说年收入 10 万元以内就应买重疾险。一旦客户把聚焦点放在年收入 10 万元这个条件时，就不利于保险顾问来帮助他选择最合适的保险产品。

在与客户沟通时，我们要善用客户思维，站在客户的角度思考客户到底需要什么。人生周期的内容，会让客户了解到保险配置的紧迫性。在客户问起保险如何进行配置时，我们可以采用阶梯图向客户进行讲解。阶梯图运用分层、分步骤、分体系等方式，可以在一张图中将保险讲清楚。

在整个保险配置当中，首先要分结构。在社会保障体系中，社保是很重要的一部分，无论是在学校，还是工作后，都会有社保保险。除此之外，如果需要购买附加的保险，就可以选择意外险和寿险。如果由于意外或者疾病身故，可以确保受益人或家庭十年内有一笔收入，这样可以保障家庭的开支。除了这些，还要考虑医疗的问题。

谈到疾病的花销，就要说到重疾险。重疾险主要是解决两个问题：第一个是治疗费用和营养、护工、护理费、康复等后期康复费用，也可以称作疗养；第二个就是车贷、房贷、子女教育金、父母的赡养及每月的生活费等，这就叫作费用。

重疾险主要是通过提前给付的功能，保证在生病时能够享受到高品质的医疗，生活品质不下降。如果由于疾病较为严重，发生猝死或者身故，可以通过寿险来解决。

有些客户会认为，买保险后没有发生理赔不划算，选择购买消费型保险，减少资金投入。这就涉及第二层问题，保险到底是消费还是资产。可以把保险分成消费型和资产型。提前给付的重疾险可以算作资产，客户的经济投入还是属于自己。或者由于疾病给付，或者通过寿险支付。

在孩子长大后，我们会老去，金钱会通过合法的方式传给后代。之前投入的钱会通过保险公司专业化运作增值，持续、稳定地增长，并且可以隔离一定的经济风险。

如下图所示，先画人生周期图，再画阶梯图。将两张图结合起来看，效果是最好的。还可以加入家系图，这样家庭关系、时间等因素就可以全面地考虑到了。在与客户沟通时，可以聊聊年轻时努力奋斗的原因。只有做好人生的规划，才可以更好地承担起人生的责任，这也是奋斗的意义。这并不是指要留下很多的钱，而是要通过科学的、优质的体系进行风险防范，为自己和家人的生活保驾护航。

2. 保险阶梯图的核心要素

社保可以解决最基本的保障，而意外险和定期寿险可以让我们的人身得到很好的保障。如果因为意外或疾病身故，可以拿到一定的保额赔偿。

医疗险和住院意外险是为了应对高额的医疗费用。重疾险以及附加的终身寿险，主要可以解决重大疾病治疗及此后的营养费、康复费、护理费、车贷、房贷、子女养育费用、父母的赡养、生活费用等。将这三个放在一起就是医疗费的给付。首先要得到高品质的治疗，然后就是很好的康复和理疗服务，最后就是费用的承担转嫁。

根据保险阶梯图，教育金和养老金是未来要涉及的花费，投资理财是属于财富传承。

假设人生风险是收入的 10 倍，整体保额就可以计算出来。将保额拆分到每个险种，再结合人生周期图，就可以算出重疾险、寿险、教育金及养老金的金额。

有些客户可能会说使用保险的概率比较低，等有钱了再买保险。下面来看一下保险的使用概率。社保是百分百会用到的。意外险使用概率相对较低。定期寿险要视年限而定，约有 30%～40% 的概率使用。医

疗保险和住院医疗保险是百分之百会使用的。重疾险的使用概率据统计
约为 72.18%。终身寿险的概率是 100%。教育金和养老金的使用概率是
100%。整体来看，保险使用的概率还是很高的。

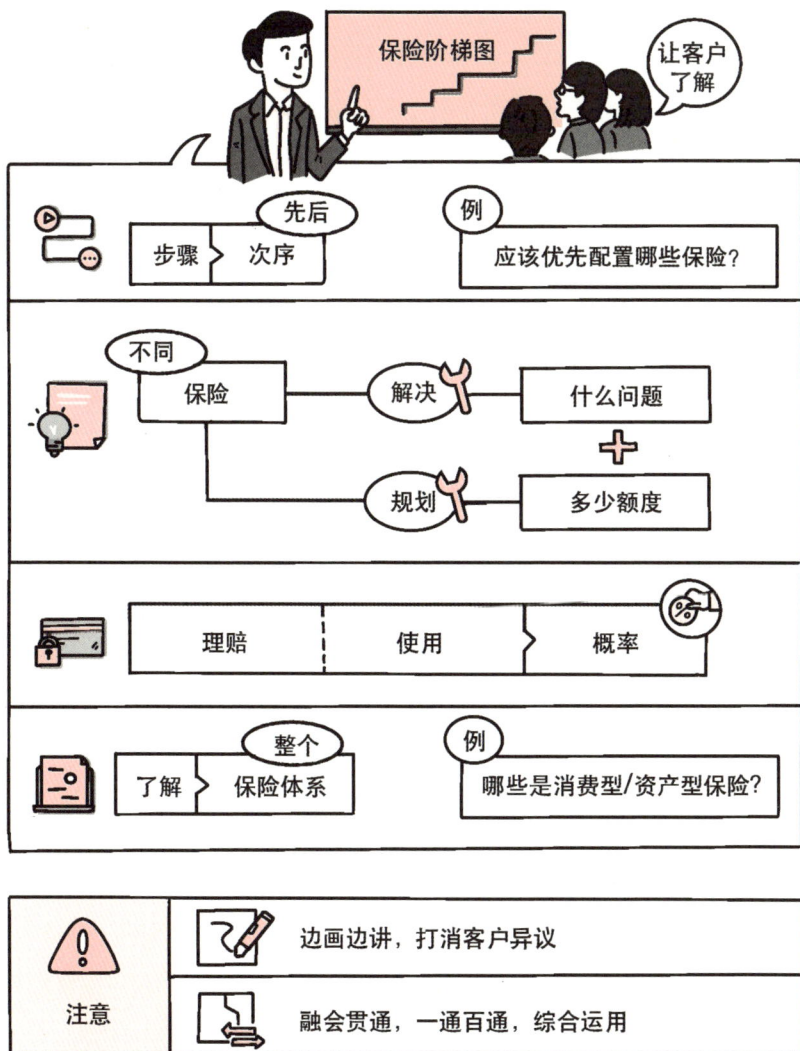

将保障体系可以分为社会保障体系以及商业保障体系。

意外险和住院险这两个属于消费型保险，定期交保费。如果没有发生风险，投入的金钱可以作为消费型资金。还有提前给付型保险，例如重疾险或是终身寿险，这种在发生了重疾或者是因为意外或重疾导致身故后是可以提前给付的，按照保额进行赔付。教育和养老保险，包括提前给付型的重疾险和终身寿险都属于资产型的保险规划。

通过上页的保险阶梯图，可以让客户了解几个问题：一是步骤的先后，比如应该优先配置的保险有哪些；二是不同的保险可以解决什么问题，大概要规划多少额度；三是理赔的概率或者是使用的概率大概有多少；四是了解整个保险的体系，比如，哪些保险属于消费型保险，哪些属于资产型保险等。

对于个人而言，既要拥有国家提供的福利，得到基本的医疗保障，又要拥有资产型的保险规划，为自己的财产做好风险管理，唯有如此才能让我们的人生从容。

对于整个保障体系而言，每个人除了社保以外，还需要配置好基础的保障，也就是意外险、医疗险和重疾险。这三个保险账户是我们每个人都要具备的基础保障账户。如果有多余的资金，还需要配置教育金和养老金。

在使用保险阶梯图时要注意两点：一是要边画图边讲解，打消客户的疑虑；二是要融会贯通，一通百通，组合应用。比如，可以把家系图、人生周期图、保险四大账户一起使用。这些可以预先在电脑和手机上准备好，当讲到保险阶梯图时可以把几张图结合起来使用。这样我们就可以紧密围绕家用、时间、风险系数、需求等来设计保险配置，推进签单的流程。

读懂社保
和商保的作用

在保险展业的过程中，经常会遇到各类拒绝的声音。特别是在面对新客户时，客户可能会这样回复你：我买社保了，已经够了，不需要什么保险。公司给我们都配了社保，基本看病不用花多少钱。当听到这些话时，该如何处理呢？

这时，千万不要急于夸商业保险好，反而会让客户认为你就是在推销保险产品而对你产生不信任感。此时，我们就应该用专业的知识以及数据告诉客户社保和商保两者的区别，和两者各自肩负的保障责任。

1. 商业保险是社会保险的有效补充

随着国家越来越强大，社会医疗保障体系越来越完善。大数据显示，在保险销售过程中，客户说"自己有社保了，不需要商业保险"，最常见的原因是认为目前社保中的医疗保险已经很成熟，这解决了自己大部分医疗费用问题。

作为专业保险顾问，要怎样与客户沟通，才能让客户理解每一份保单的价值和意义呢？我们可以从以下几个方面引导客户。

首先，国家及省级制定的基本医疗保险主要包括《基本医疗保险药品目录》《基本医疗保险医疗服务设施目录》和《基本医疗保险诊疗项目目录》三个目录，分别规定基本医疗保险基金支付部分费用的项目范围、自付比例和不予支付费用的项目。同时，国家医疗保障局和人力资源社会保障部等部门会定期开展企业申报、专家评审、标准测算、专项谈判等环节确定后，会及时更新并发布最新三大目录的支付标准。

《国家基本医疗保险药品目录》（以下简称《药品目录》）主要是指国家基本医疗保险、工伤保险和生育保险基金支付药品费用的标准。目前，我国《药品目录》基金准予支付费用的药品，分为西药部分、中成药部分、协议期内谈判药品部分和中药饮片部分，分为甲乙类管理，不在目录内的药品为自费药品。

2022 年 1 月 1 日起实施的《国家基本医疗保险药品目录（2021 年）》里面明确说明保险基金准予支付费用的药品有 2 860 个，而在国内允许销售的药品共计有 19 万多个，约占总数的 1.4%。

其次，如下图所示，只有在目录内的费用，才可以走医保报销，这些药品的报销比例也不一样。例如，甲类药是全额纳入报销范围，而乙类药的费用有 65% ～ 85% 是纳入报销范围，再按照当地医保的报销比例进行报销。除此之外，不在目录内的药品，例如，大多数的进口药、抗癌药等昂贵药品，都是需要全额自费的。

甲类：临床首选、价格比较低
全额 100% 纳入报销范围，再按照规定比例报销
乙类：临床选择、价格相对较高
其中 65%～85% 纳入报销范围，再按照比例报销

备注：国家医保医药目录外药品，需全额自费

整体来说，药品费用越高，报销比例反而越低。有些乙类药，可能还会限定二级及以上医院，或是指定治疗某种疾病才能报销。除甲乙类

药品之外，就是需要自费的丙类药，通常是非临床必需、价格高的药品。丙类药数目庞大，大多数治疗癌症的进口药、特效药都属于这一范围，价格十分昂贵。

再次，医疗保险统筹基金支付《药品目录》内药品所发生的费用，必须由医生开具处方或住院医嘱，参保患者自行购买药品发生的费用，由个人账户支付或个人自付。

医保的报销都有一个门槛，叫作起付线。各地方的报销起付标准是各不相同，同个城市不同等级医院起付线也是不一样的，有高有低。同样，为防止对医保基金的资源浪费，确保收支平衡，官方设置了一条封顶线，也就是说，社保的报销是有上限的。

弄清楚医保的报销内容后，我们可以通过下图的医保报销模型让客户快速了解社保报销结构。

倒金字塔报销模型

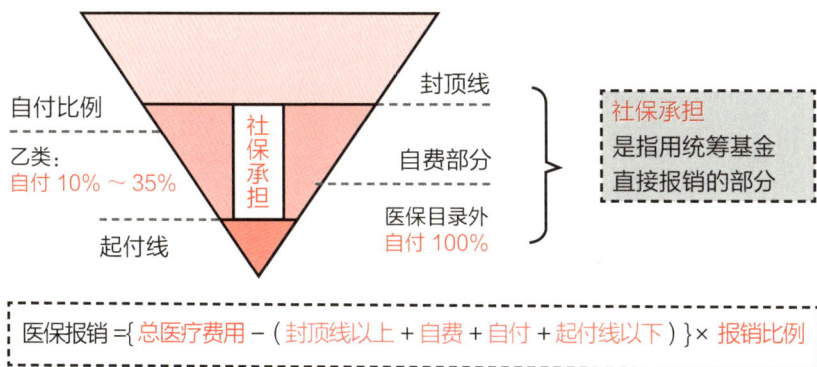

自付比例

乙类：
自付 10% ～ 35%

社保承担

起付线

封顶线

自费部分

医保目录外
自付 100%

社保承担
是指用统筹基金
直接报销的部分

医保报销 = { 总医疗费用 −（封顶线以上 + 自费 + 自付 + 起付线以下）} × 报销比例

如果在治疗过程中用到乙类药，一般医保允许的报销比例是 65% ～ 90%，那么剩下的部分为自付比例，即乙类药的自付比例是 10 ～ 35%。还有医保目录外的部分，叫作自费部分，这部分是需要我们全额100%自费的。所以，医保报销 = { 总医疗费用 −（起付线以下 + 封顶线以上 + 自费 + 自付）} × 报销比例。

除了医保目录外的药品费用需要自费，有些情况下，也是需要全额自费的。例如，由第三方造成的意外、交通事故等产生的医疗费用；在疾病住院期间经常发生的费用，比如营养费、护工费、误工费等更不在报销范围之内。

最后，医保的报销原则为：先垫付，后报销，即要先交押金，再进行看病治疗。下图是一个肺癌患者的部分医疗费用，我们可以从图片看到，这位患者总共花费了 14 734.43 元；除去起付线、自费和自负费用为 12 377.99 元，社保报销费用是 2 356.43 元；这笔大额的医疗费用中，有高达 84% 比例是需要患者自己负担的。

医院住院费用汇总清单

住院日期：2020-02-20～2020-03-05　　　　　2 of 3

				单价	数量	总额	自付金额	记账金额	减免金额
化验费		总计：¥2351.00	自费合计：¥193.00	单价	数量	总额	自付金额	记账金额	减免金额
	甲类	25010200100 尿常规		18.00	1.000	18.00	0.00	18.00	0.00
	甲类	25010300100 粪便常规		3.00	1.000	3.00	0.00	3.00	0.00
检查费		总计：¥6684.40	自费合计：¥6566.00	单价	数量	总额	自付金额	记账金额	减免金额
	甲类	34020000300 日常生活能力评定		22.00	3.000	66.00	66.00	0.00	0.00
	甲类	31070102200 心电监护		4.80	1.000	4.80	0.00	4.80	0.00
	甲类	31070102800 血氧饱和度监测		2.40	34.000	81.60	0.00	81.60	0.00
	甲类	31070100100 常规心电图检查		20.00	1.000	20.00	0.00	20.00	0.00
	甲类	31070101200 心电向量图		12.00	1.000	12.00	0.00	12.00	0.00
	甲类	23040000700 肿瘤全身断层显像		6500.00	1.000	6500.00	6500.00	0.00	0.00
其他		总计：¥196.90	自费合计：¥5357.33	单价	数量	总额	自付金额	记账金额	减免金额
	自费	影像片袋		0.50	1.000	0.50	0.50	0.00	0.00
	自费	塑料痰盂		1.90	1.000	1.90	1.90	0.00	0.00
	自费	纸质成像照片（A4）		10.00	18.000	180.00	180.00	0.00	0.00
	自费	起付标准及自负金额		0.00	1.000	0.00	5160.43	-5160.43	0.00
	自费	枕芯		14.50	1.000	14.50	14.50	0.00	0.00
西药费		总计：¥5502.12	自费合计：¥261.66	单价	数量	总额	自付金额	记账金额	减免金额
	甲类	0.9%氯化钠针10ml[塑料][基]		1.12	42.000	47.04	0.00	47.04	0.00
	乙类	孟鲁司特钠片（舒宁安）		3.792	14.000	53.088	2.65	50.41	0.00
	甲类	复方甘草片[基]		0.1594	84.000	13.3896	0.00	13.44	0.00
	乙类	舒普深针（头孢哌酮舒巴）		48.17	86.000	4142.62	207.13	3935.49	0.00
	甲类	复方甘草片[基]		15.94	0.240	3.8256	0.00	3.83	0.00
	乙类	头孢克肟胶囊（世福素）		31.52	2.000	63.04	3.15	59.89	0.00
	乙类	羧甲司坦片（化痰片）[基]		20.57	1.000	20.57	1.03	19.54	0.00
	乙类	氯化钾溶液		0.43	30.000	12.90	0.65	12.26	0.00
	甲类	0.9%氯化钠针100ml软包		1.57	48.000	75.36	0.00	75.36	0.00
	甲类	5%葡萄糖氯化钠针（软包）[基]		2.15	2.000	4.30	0.00	4.30	0.00
	甲类	0.9%氯化钠针500ml软包		3.87	2.000	7.74	0.00	7.74	0.00
	甲类	（诺欣）顺铂注射液[基]		19.15	6.000	114.90	0.00	114.90	0.00
	甲类	》维生素B6针（Vit.B6）[基]		2.81	4.000	11.24	0.00	11.24	0.00
	乙类	国产昂丹司琼针（欧贝）[基]		31.92	3.000	95.76	4.79	90.97	0.00

因为社保主要是帮大家报销在医保目录内的药品、治疗费用，此外还有很多高额的自费费用，例如，进口药、抗癌药、护理费等自费项目。而商业险的补充作用，就是来替我们承担这些高额的自费部分的，可以有效减轻因疾病而产生的经济压力。所以，社保和商保两者之间是互相补充的关系。

2. 找一个话题，轻松与客户产生共鸣，加速成交

在日常与客户聊天的时候，可以用多种方式与客户互动，产生共鸣。比如，一张图，一则有趣的漫画，一个 30 秒的短视频等都可以。

例如，我们在与客户讲解时，可以给客户看下图。

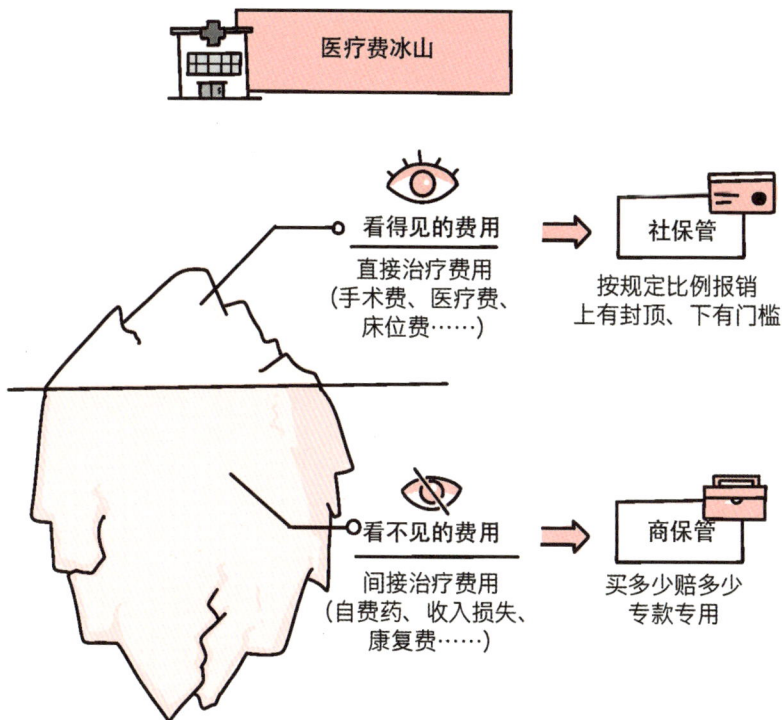

我们把医疗费用看成这座冰山，把看得见的费用，叫作直接治疗费用；把看不见的费用，叫作间接治疗费用。

社保只能解决浮在水上面看得见的部分，即看得见的费用，例如：手术费、医药费、床位费、检查费等，且按照规定比例报销。

而深藏在冰山以下看不见的部分，往往是摧毁一个小康家庭的最后一根稻草。商业保险的作用就是，商业保险把冰山下那些看不见的间接费用转嫁给保险公司，由商保来承担这部分的经济压力。例如：自费药、ICU 重症费、康复费、收入损失、车房贷款、子女教育、父母赡养、生活开销等间接费用，专款专用。

所以，通过这样一张简易的冰山图，可以跟客户有一个非常有趣的交流互动，用简单的语言快速地让客户弄明白社保和商保的作用，明确两者是相互补充的关系，再加上一些日常生活中的相关案例，与客户产生共鸣，从而拉近与客户之间关系。

作为专业的保险顾问，我们可以通过权威可靠的医药报销占比、真实社保和商保报销对比数据或生动形象演示社保与商保的区别等一个或多个专业角度，帮客户理清楚社保与商保的关系和作用，与客户产生共鸣，快速建立一个靠谱的、可靠的顾问形象，成交也会变得更简单。

一张图看懂
医疗险和重疾险的区别

医疗险和重疾险是健康险的两大支柱。那这两个险种的区别和联系到底是什么呢？有一些客户会根据名称来定性，认为重疾险专门用来报销重疾的医疗费用，而医疗险则是用来报销其他非重大疾病的医疗费用。

你是否遇到这样的场景？当你完成给客户的保障方案后，客户认为医疗险和重疾险只需保留一样，无须重复购买。归根到底，客户并不清楚两者的区别。所以保险顾问有必要为客户讲清区别，让客户明白保险配置的原理，体现自身的专业度，提升客户的信任。

下面我们用一张图让客户明白重疾险和医疗险的区别和联系，更重要的是能让客户知道重疾险和医疗险都很重要，针对解决的问题不同，都需要购买。

下图分成了七个维度来进行两个险种的对比。在运用时，可以事先准备好发给客户，也可以一边写一边跟客户沟通。这里对比的是国内主流的两个险种的共同形态，并不能覆盖所有的产品，需要重点学习沟通技巧及分析思路。

	医疗险	重疾险
设计原则	补偿原则	盈利原则
赔付方式	报销	给付
财务准备	需先行垫付	不用垫付
累加机制	不可重复报销	可以重复
用途	受限 只能用来看病	不受限
保障范围	病种不限	病种受限
解决的问题	医疗费用	病后生活

1. 设计原理不同

医疗险遵循补偿原则。要先有财务损失之后才有补偿，补偿金额及比例是不确定的，可以帮客户少花钱或不花钱。

重疾险遵循的是盈利原则。买重疾险的目的就是在需要的时候能获取一笔资金。重疾保额要比各种需要支付的花费多，才能自如地应对发生重大疾病之后的生活压力。

2. 赔付方式不同

医疗险是报销模式的，需要客户先自行结账，再凭借发票报销。

重疾险，专业的叫法是给付，符合约定条件就给予赔付。

3. 财务准备不同

大多医疗险需要客户先行垫付，只有一部分医疗险可以直付。

重疾险不用垫付。除了要准备理赔的资料，不用做其他财务上的准备，符合条件就可以直接拿到理赔款。

4. 累加机制不同

医疗险不可重复报销，最后报销的钱总和不会超过发票上的数额。举个例子，客户买了A公司的医疗保险，保额是一百万元。又买了B公司的医疗险，保额也是一百万元。如果看病只花了20万元，A赔了20万元，B就赔不了，因为损失已经被A填平了。如果A保额只有10万元，只赔了10万元，剩下的10万元可以找B去理赔。不管如何，A和B总共的理赔金额不会超过20万元。

重疾险是可以重复的，多份重疾险的赔付是独立的，有多少份就赔多少份，有多少保额就赔多少钱，不限公司，也不限产品。

5. 用途不同

医疗险用途受限，只能用来看病。它只可以报销发票上符合要求的费用，这些费用是治疗支出，发票之外的部分无能为力。除了治疗费，请护工的费用、看顾费用、营养费、误工费等，这些医疗险都是无法报销的。

重疾险以现金形式赔付。重大疾病只是赔付的条件，不是险种的用途。它并不会要求必须拿钱去治疗重疾，赔付的钱无论是用于治疗、消费、留给家人，或者还债都是可以的。

6. 保障范围不同

医疗险保障在医院中发生的治疗费用，不论是意外或是任意疾病，

153

甚至是签订合同时还没出现的疾病都可以保障。它的理赔以发票为准。

重疾险只限于合同约定的病种才可以赔付，所以它理赔的病种是比医疗险少的。普通疾病住院产生的费用，是得不到重疾险理赔的，它的理赔只认病种，与医疗险的责任不同。

7. 解决的问题不同

医疗险解决的是医疗费用的问题。

重疾险解决的还有生病后生活的问题，在触发重疾后，很多生活上的问题会浮现出来。所以重疾险需要提前考虑，提前布局。

以上的 7 个维度，14 个关键词，简洁阐述了医疗险和重疾险的区别和联系。总的来说，重疾险和医疗险这两种保险的基本设计原理不同。医疗险的设计原理是补偿原则，主要是用于医疗开支的补偿，而重疾险更多的是在患重疾时获得一大笔现金的支持。由于是补偿原则，医疗险采用报销形式，理赔需凭医院的发票进行报销。而重疾险是给付，只要符合条件，直接由保险公司支付一笔现金。因为是报销，医疗险面临着垫付的问题，重疾险则不需要垫付。医疗险是不能重复报销的，即便是在多家保险公司买了多款医疗险，对同一笔支出只能进行一次报销，而不能重复报销。重疾险则不存在这个问题，无论是在一家公司还是多家公司购买的多份重疾险，只要符合理赔条件，全部都可以进行赔付。

相应的，医疗险的用途是受限的，仅仅是针对医疗的直接费用或者其他的一些约定费用。而重疾险的用途不受限，无论是用于治疗还是消费或者留给家人都行。这两个险种最终的功能上有本质的区别，医疗险解决的是眼前的问题或者说是此次生病、此次治疗所带来的经济损失。而重疾险则主要解决的是患重疾后未来的问题，所以两者的作用、功能和意义完全不同。

在与客户沟通时，可以对客户进行引导。两个险种的作用不同，意义不同，是黄金搭档，缺一不可。但有时客户更想要一个清晰的答案，简洁展示出医疗险和重疾险各自的作用。下图便可用来补充两个险种的作用，让客户了解得更透彻。

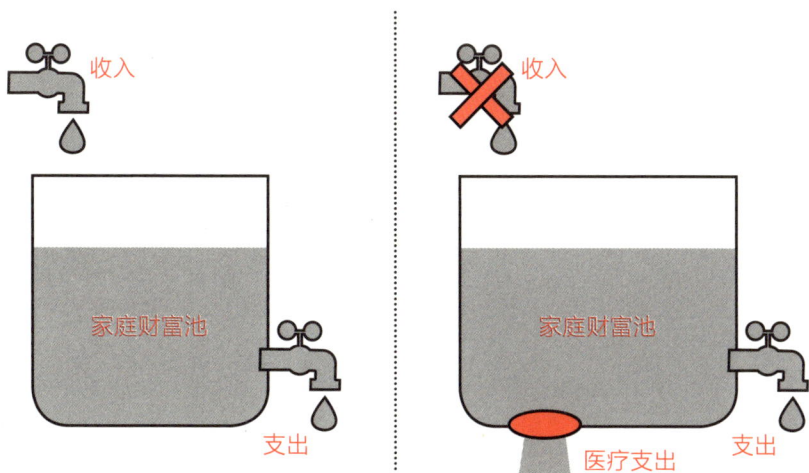

上面这张图展示了正常情况下的家庭财富池模型，水代表财富。每个家庭都有一个财富池，有收入、有支出，如果收入大于支出，财富就会越来越多；如果支出大于收入，财富就会慢慢减少。如果家庭的经济支柱病倒了，会发生什么情况呢？

首先会增加一笔大额的支出，就是医疗费。同时由于工作的停摆，收入会减少甚至消失，家庭的财富会快速减少。要改变这种局面，需要做两件事：一是把医疗费用的漏洞补上，这个就是医疗险的作用；二是往池子里加水，这个就是重疾险的保障。

如果光有医疗险，补丁打得再多，池子里的水都是不会变多的。同样，如果光有重疾险，漏洞不补上，加再多的水也会流光的。

在为客户展示这张图后，客户会对你的专业度深表认同，同时会对医疗险和重疾险各自的重要性有清晰的认识，签单也就容易很多了。

除了上面提到的这张图，票据的对比也可以从一个侧面来展示医疗险和重疾险的区别。医疗险是凭发票来报销的，而重疾险不需要发票，大多数情况下只要一个确诊报告就可以。这里说的确诊是指重疾险里面确诊就能赔的疾病。大部分情况下是可以确诊赔付的，但也有少数情况需要其他条件，这里不展开。

发票和确诊报告最大的区别是什么？发票上会列明费用，是详细的费用清单，一定要先结清账单才能得到发票，它的重点是花了多少钱。确诊报告上是没有费用的，只是陈述一个事实，它的重点是发生了什么疾病。

除了单纯地讲解知识外，也可以举例来说明。比如，客户 A 不幸患了癌症，但他早已在专业顾问的建议下配置了全面的健康保障，医疗险保额有 200 万元，还有 300 元每天的住院津贴，重疾险保额 80 万元。

他在 1 日确诊了，到 10 日出院，总共住了 10 天，花费了 50 万元，社保报销了 20 万元，这种情况他要怎么理赔？理赔的顺序是什么？可以通过理赔拿到多少钱？这样的提问可以强化之前讲的知识点，让客户参与进来，更有代入感。

正确的理赔流程应该是 1 日确诊之后就可以开始申请重疾险理赔了，一般一周之内就可以拿到理赔款 80 万元。出院之前要把 30 万元的账单支付了，重疾险理赔的钱就可以用来支付账单。之后就可以拿到发票，然后可以凭发票到保险公司申请医疗险的理赔，报销前面支付的 30 万元，另外还可以领取 3 000 元的住院津贴。最后总共可以获得理赔是 110.3 万元，其中重疾险理赔是 80 万元，医疗险理赔是 30.3 万元。

解读完这个例子，客户已经对重疾险和医疗险各自的作用、理赔方式有了更全面、更清晰的了解。

总的来说，医疗险和重疾险的区别可以从七个维度来解释。水池的图和票据的讲解可以作为不同角度的补充。理赔案例代入感十足，可以加深客户的印象。最后结论是医疗险和重疾险是黄金搭档，缺一不可。

快速准确地说出重疾险和医疗险的区别，是展示专业度的好时机，更是保险顾问的基本功。在实际操作中，需要让客户明白这两个险种作用各不相同，缺一不可，都要买入，才能给自己最全面的保障。

健康险黄金公式，看病不花一分钱

作为专业的保险顾问，要为客户配置全面的保障，包括重疾险、医疗险等。在做到上述配置后，客户在面临健康问题的时候真的就万无一失了吗？

在遇到突发情况时，大部分客户都不会常备大额现金。保险虽然有用，但需要一定的理赔时间。现金赎回或借款都需要时间。作为保险顾问，要为客户解决他未来可能遇到的问题，不仅是向客户彰显个人的专业度，更要向客户展示人文关怀。

为了更好地对冲疾病风险，除了要购买医疗险和重疾险这一对黄金搭档，还应附加防癌险。防癌险本质上也是一种重疾险，它保障的病种仅是癌症。那为什么要配置防癌险呢？

一是防癌险的保费相对较低，且理赔数据中出现的概率很高。在客户保费有限的情况下，把保额做得尽量高一些，用最少的钱获得最高的保障。

二是癌症的治疗费用相对比较昂贵，对于家庭的影响很大。

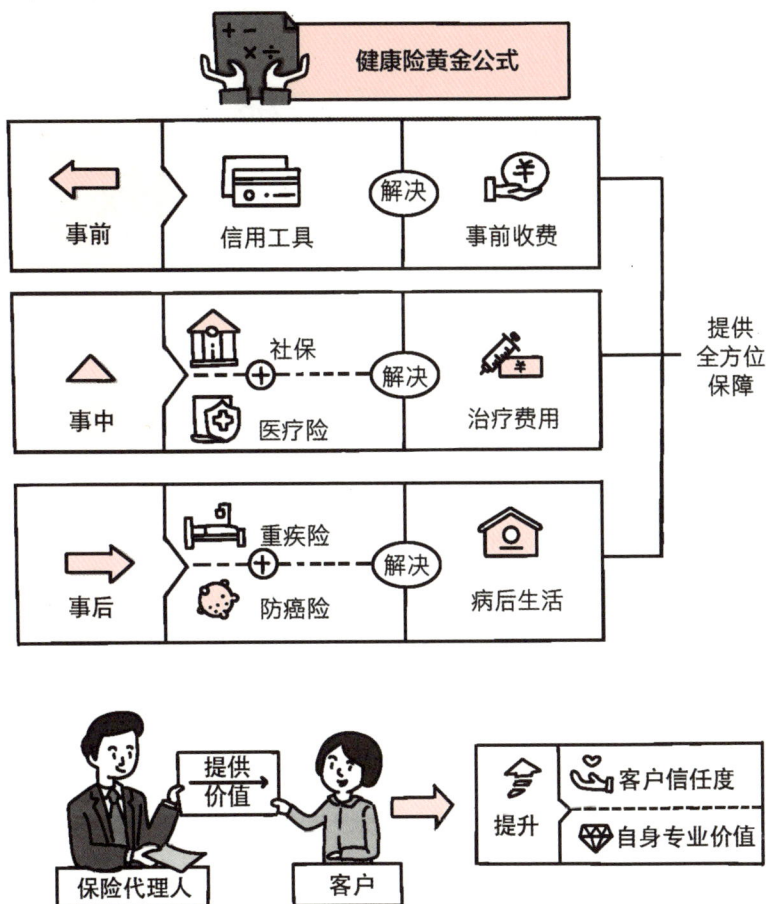

上图就是健康险黄金公式，是客户健康问题的黄金解决方案，涵盖了事前、事中、事后的全部流程，公式里的要素缺一不可。健康险黄金公式是保险顾问为客户提供价值的重要依据，运用得当，既可以提升客户信任度，也可以提升自身的专业价值。在与客户的沟通交流中，需要从自身专业出发，帮客户解决可能面临的问题，既是自己专业的体现，更能让客户感受到有温度、有态度的服务。

理赔报告
这样递送更有效

根据《保险公司偿付能力监管规则第 13 号：偿付能力信息公开披露》规定，各家保险公司都应该在每半年、每年结束后于规定时限内在官网等公开披露偿付能力，也就是前面提到的"理赔报告"。

每个理赔数据背后，都代表着保险行业存在的价值和社会担当，给出期中 / 年度考试的漂亮答卷。同时，也代表着一份份保单在雪中送炭中拯救了一个个家庭。

作为专业的保险顾问，需要具备解读理赔报告数据背后意义的能力。而作为消费者应该至少每年关注一次该保险公司的理赔报告，了解该保险公司的赔付能力。

这样就意味着，每年递送理赔报告到客户手中，是作为专业保险顾问的必要售后服务之一。但实际上，各保险公司并没有开设"报告递送"作为售后服务的专业培训，大部分保险顾问也不知道如何递送和解读理赔报告，这项售后服务往往被忽略。

调查数据显示，保险顾问针对理赔报告的反馈各不相同。有些人认为每年递送理赔报告没有必要；有些人不知道如何递送，不知道如何开口送理赔报告，觉得比较忌讳；有些人想起来了才会发送给客户；只有极少部分人每年定期把理赔报告发给客户。那么，如何专业化地递送报告，在客户心中加分呢？

有句话讲："你有多认真，你的客户就有多重视。"如果你从来不重视，客户也不可能重视，更不可能知道保险公司每年都有理赔报告这件事。客户对保险公司和重要的信息的了解都是源自保险顾问。保险顾问是客户和保险公司之间的桥梁和媒介。可以说，信息的重要选择都源于保险顾问自己的观念和基本动作。

保险顾问所做的每一件事都可以展现个人的专业度。通过学习递送理赔报告这一节，可以帮助你树立一个新观念：让递送理赔报告成为展业过程中的必备售后服务，让每个售后服务都成为"销售的新成交"。维护好老客户，远比开发一个新客户的成本低很多。

这里要做的是：让每年递送理赔报告成为工作的新习惯，定期做好每个销售服务闭环。前面也有讲到服务即营销。服务无处不在，营销无处不在，你需要让每一项营销服务都成为一种工作习惯和职业习惯。

在整个寿险生涯里，售后服务有很多种，有基本的服务和增值服务，有定期服务也有不定期的服务。每年递送理赔报告，一定是工作中的基本服务，也是要做到的定期服务。

递送理赔报告是售后服务不可或缺的环节，它是一种保险顾问的工作习惯以及服务，可以培养客户每年定期关注自己健康的习惯，还可以培养客户每年定期关注保险公司的理赔的习惯。

任何事业的经营都必须有固定的服务动作，在保险行业更是如此。你需要让服务成为一种习惯，养成一种常态化的工作模式，见下图。

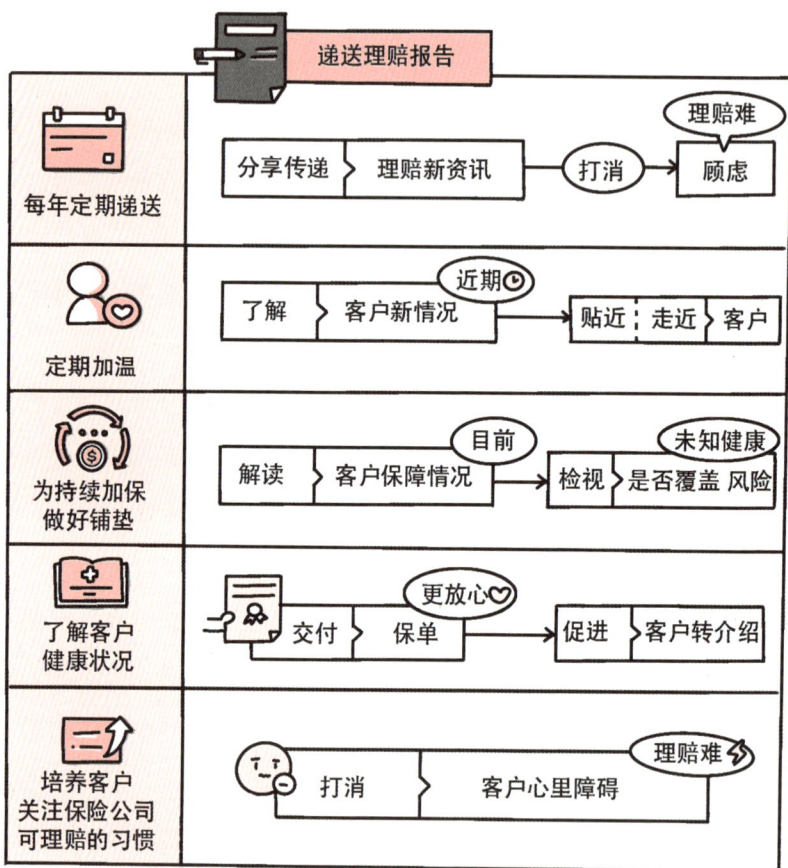

每年定期递送	分享传递 〉理赔新资讯 → 打消 → 顾虑【理赔难】
定期加温	了解 〉客户新情况 【近期】→ 贴近 : 走近 〉客户
为持续加保做好铺垫	解读 〉客户保障情况 【目前】→ 检视 〉是否覆盖 风险【未知健康】
了解客户健康状况	交付 〉保单 【更放心】→ 促进 〉客户转介绍
培养客户关注保险公司可理赔的习惯	打消 〉客户心里障碍 【理赔难】

1. 每年定期给客户发送理赔报告

俗话说：隔行如隔山。客户无法接触到保险行业的最新信息，他们很少关注这个行业的信息，对保险行业相对比较陌生。

每年定期递送理赔报告最大的好处在于，可以与客户分享公司的理赔新资讯，让客户了解最新的健康大数据、保险公司的最新赔付情况，从而打消客户内心理赔难的顾虑。

2. 定期加温，让营销形成一种习惯

定期递送理赔报告，可以作为一个邀约客户见面的理由。可以每年在固定的时间，定期与客户联系见面，定期加温彼此的情感。同时可以了解客户近期的新情况，有机会贴近客户、走近客户。

3. 为持续加保做好铺垫

理赔报告里会公布一些不同年龄段的高发疾病情况，重疾及轻症病种的发病率等，这些理赔大数据具有一定的参考作用。同时，可以借此机会再次解读客户目前的保障情况，检视当前的保障是否足够覆盖未知健康风险，为后续持续加保做好铺垫。

4. 了解客户的健康情况

作为专业的保险顾问，不仅是客户的风险管理师，也是客户的健康管理师，要了解客户每年的健康状态。在递送理赔报告时，就等于在培养客户每年关注健康的习惯。通过解读理赔报告，也可以顺便提醒客户每年要定期体检，做好自己的健康管理。

通过这样的定期服务，可以让客户感受到，你的每项售后服务都是对他的关心，对他有实质性帮助。可以让他更放心把保单交在你的手上，也会促进他不断地进行客户转介绍。

5. 培养客户关注保险公司理赔的习惯

每年的理赔报告递送，其实也是在不断地培养客户的习惯：可以让客户每年都关注一家保险公司的经营情况；持续了解保险公司赔付能力；了解该保险公司的理赔速度和理赔情况等。

这也是在打消客户理赔难的心理障碍。例如，当你拿出公司理赔数据，获赔率高达 98%、99%。这意味着客户买的保险大概率都可以理赔，

让客户更加放心。

同时，你也可以把前十大理赔报告发给客户。比如，理赔数据显示最高赔付722万元，前十大理赔案例最少的也理赔了300多万元。这也是在暗示客户检查他的保额是否已做足做全做高。可以通过解读理赔报告，为客户后续加保做铺垫。你可以借助解读理赔报告，加强客户的保障意识，客户也会每年定期续保，做到双赢，提高售后服务的工作效率。

那递送理赔报告有什么方式呢？递送理赔报告的方式方法非常多，形式不限，可以一对一见面递送纸质理赔报告，也可以把官网发布的链接转发到客户微信上，还可以发送到客户的邮箱内等。

第一，相比电子资料，递送纸质的理赔报告给客户的感受会很不一样，显得更加正式、更有仪式感。面对面递送理赔报告，最大的优势是可以用客户接受的有趣互动的方式，详细解读理赔报告。缺点是成本有点高。

第二，可以转发官网理赔报告链接到客户微信上。基本上每月、每半年、每年保险公司的官网/公众号都会及时发布自家的理赔报告，一键转发分享文章链接成为很多人的工作习惯。可以选择用这样的方式，定期把最新的理赔报告转发到客户的微信上，便于客户随时随地打开了解最新的资讯。

第三，相对来说，电子邮箱看起来更加正式、商务。用电子邮箱最大的好处是保存时间长，不容易丢失，同时，便于客户保存留档，后续随时可以调出下载查看。

不管用什么方式递送理赔报告，都不是单单把资料送到客户手中，简单地把资料发送到微信/邮箱里。递送只是一个动作，作为专业的保险顾问，还需要用一些专业但通俗易懂的语言去解读理赔报告数据背后的意义。解读比较重要的数据，或者客户之前比较关注的数据。

　　总的来说，要巧用理赔报告，让售后服务成为一种习惯。作为保险顾问，要培养客户每年关注健康的习惯；培养客户看懂理赔大数据，打破"理赔难"的心理障碍；培养客户每年关注公司的经营情况的习惯；最后，通过专业的解读，让理赔大数据转化为保单生产力，让客户放心加保。

第 5 章

成交秘籍，
保险销售必杀技练成术

学会做减法，放弃不属于自己的客户

　　人生在不断加码的过程中，需要适当地为社交做减法。曾经看到过这样一段话：每个人生来都是一张白纸，会随着生活阅历和知识见闻的丰富变得五彩斑斓。但是好的人生，并不一定是浓墨重彩的。"淡极始知花更艳"，学会给人生做减法，往往会遇到更美的风景。

　　现在就来学习，如何在客户方面做减法。在展业的过程中，会遇到一些不配合或不好沟通的客户，需要做一些筛选和判断。比如，有些客户在沟通中长时间没有回复；或提出返佣，要求折扣；还有些客户比较爱计较；或是在见面时喜欢迟到或爽约；或是表现出不尊重的态度，没有基本的礼貌等。这时就需要做出一些舍弃。为什么要勇于做减法呢？

　　首先，我们在前面学习了如何进入社群、设计令人惊艳的出场、打磨品牌故事等，都有助于你变成一个有个性、有主张、有特点、有专业的"四有"保险达人。所以在未来面对客户时，就要更有底气，敢于做减法，选择愿意接受服务的客户。不要害怕失去客户，要提升自己的认知，更自信地去面对客户。

保险名家的成功密码：用IP思维做专家式成交

第二，作为专业的保险顾问，要勇于对客户提要求。不断学习、记录与输出，有助于塑造专业性。在自己擅长的专业性领域，比如保险或是理财规划中，可以有更强的专业底气，掌握主动权。而在客户擅长的领域，可以洗耳恭听。在与客户沟通的过程中，要做到收放自如，敢于面对客户的特别要求。有些客户比较喜欢拖延，常常不给明确的答复。在这个过程中，你就需要向客户明确自己的需求，让客户积极配合，听从你的安排和建议，从而提升工作效率，更好地实现工作安排。

有时也可以进行一些付费的咨询，有以下几点好处。

一是可以通过付费咨询筛选出一批真正有需求的客户。

二是坚持付费咨询可以提高沟通效率，聚焦工作目标。

三是有助于向客户提出更好更大胆的要求，帮助落实具体工作。

那么要如何给客户提要求呢？首先，可以要求客户进行转介绍。在为客户提供专业服务后，可以要求客户介绍更多的朋友，为客户身边更多人做好服务。其次，每年进行定期的财务盘点或是保单盘点。这既是给客户提出的需求，也是给到客户的专属定制服务。再次，要求客户记录每次沟通内容，让客户在沟通中更加认真投入。最后，定每年见面或参加活动的次数。在这个过程中，可以提出要求让客户配合工作，提升服务效率。

敢于做减法的第三点原因是，在与客户沟通的过程中，要保持平等交流的态度。保险顾问与客户的地位是平等的，要用平和的心态服务客户。

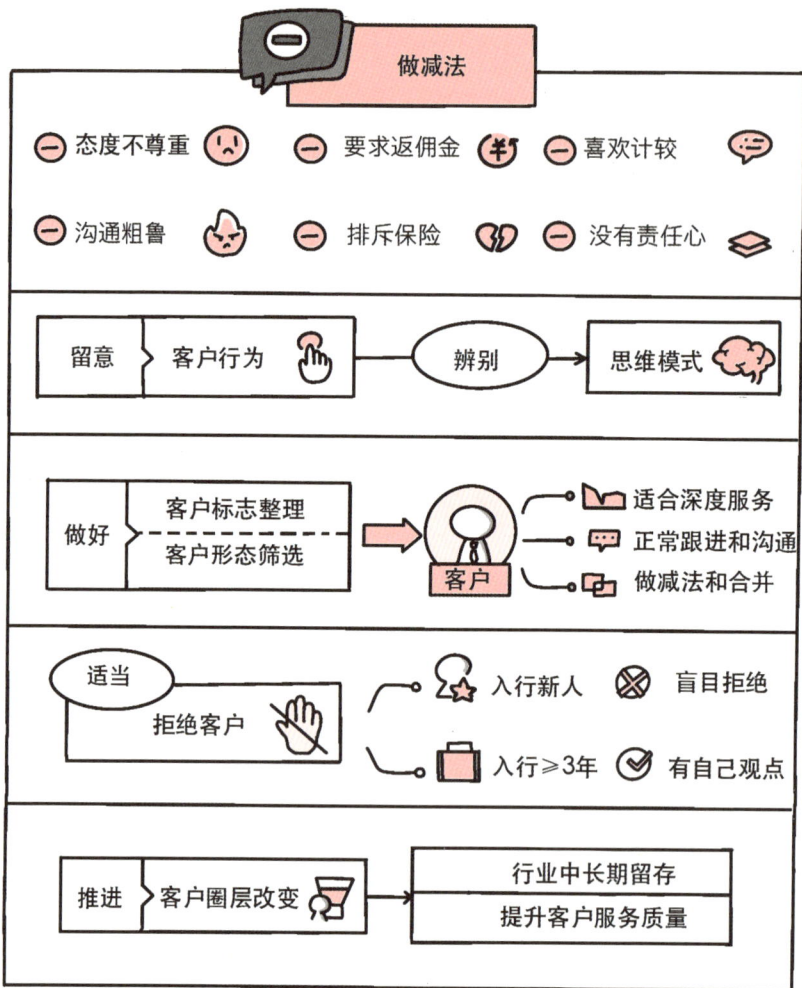

那么，要如何做减法呢？如上图所示，可以通过以下四个方面来完成。

1. 日常要留意客户的行为，辨别客户的思维模式

这就要求在平时需要多方面留意客户的行为表现，记录性格特点。

很多客户在沟通中表现出不恰当的态度，这种表现体现出客户的性格，

要敢于做减法。有些客户要求返佣，这是行业禁止的行为，所以要坚决拒绝。有些客户在过程中喜欢计较，或是沟通中很粗鲁；有些客户非常排斥保险，或是对身边人没有责任心等，这些行为都需要仔细筛出来，对这些客户要敢于做减法。

2.要做好客户档案的整理和客户形态的筛选

通过客户信息采集表来更新客户数据，包括家庭关系、客户自身的性格特点、保险观念、身体健康情况、投资喜好、资产规模等，都要进行记录。还要对客户的职业特点、社会关系以及决策模式进行持续跟进。通过多个维度的记录，更新客户档案，筛选出哪些客户是适合深度服务的，哪些客户是需要做好正常跟进和沟通的，哪些客户是需要做减法和舍弃的。

3.对于某些客户，要适当地拒绝

如何拒绝客户？不同入行时间的保险顾问，处理方式不同，可以灵活选择。对于刚入行的新人来说，不能盲目拒绝客户。要先进行全面接触，在深入了解客户后，才能决定未来是否要长期跟进与服务，做好服务经验的积累。在服务客户的过程中，也要注意不能伤害自己，保证自己的心态。

入行三年以上的保险顾问，则要有自己的主张、要有自己的观念，要去深度接触一些比较适合的客户，比如黏度高的，或是客户形态及行为习惯积极正面的，做好深度沟通。同时对于基本客户，则需要做好正常服务。如果遇到展现形态比较消极的客户，可以通过客户行为进行筛选，做好舍弃。

4. 要敢于做减法，来提升自身的客户圈层

日常中，需要通过减法来推进客户圈层的改变。不要一味地守着客户进行挖掘与跟进，造成客户圈层固化。你需要改变自身认知，能让客户与你一起成长。提升客户圈层，是在行业中长期留存，提升客户服务质量的重要方法。

客户满意度
的黄金 90 天

　　要持续客户经营，完成高效签单，就离不开完美的服务、尽心的服务、持续的服务。服务是保险顾问的天职、本能和职责所在。有些保险顾问在签单后会认为可以放松下来了，但实际上服务才刚刚开始。有些客户在签单后会感到巨大的落差，这是因为保险顾问没有抓住签单以后 90 天的黄金服务期。

　　服务可以分为售前和售后两部分，在售前阶段或者叫销售阶段，大部分顾问还是非常热情、周到、勤快的，会经常联系客户。但签单后，很多保险顾问就消失不见了，这会导致客户对于很多销售产生失落感。

　　像过山车一样，签保单的时候可能是在最高点，特别热情。保单签完后就掉到谷底，形成了非常大的心理落差。客户心里对于签完保单后可以享受的服务非常期待，这个服务当然不是理赔服务，而是一些常规服务。但是有些保险顾问可能在送完保单后并没有提供太多服务，会导致客户有很大的心理落差。那应该如何避免这种落差感呢?

　　在关于顾客满意度的研究中，有个很重要的概念叫作关键时刻。在与人大量接触的行业中，比如餐厅、航空公司，也包括保险行业等，都需要关注顾客的满意度，也就是指人在传递服务时的态度和标准。这个概念是由北欧航空 20 世纪 80 年代的总裁卡尔森提出来的。他在接管面临风险的北欧航空时，通过一年的努力使公司利润大幅上升，引起了很多管理学者的关注。最后总结出这个关键词。

1. 关键时刻能应用于保险行业的经验

有很多企业，都将其案例作为客户服务的教科书来进行研究，并且取得了十分显著的效果。现在我们就来看看关键时刻能应用于保险行业的经验都有哪些。

对于保险顾问而言，如果以追求产品销售为导向，那签完保单后这个服务就结束了，等到下一年或者客户生日时再来服务就可以了。

但如果从客户的角度出发，就要从产品销售导向转向价值服务导向，销售完成后要做的服务还有很多。例如：签完保单后可以做保单的盘点，进一步明确客户的保险规划以及未来的缺口和需求。还可以强化客户的认知，客户买完保险后未必对保险产品了解透彻，有时候他的风险意识以及对保险顾问价值的认识仍不够，需要不断强化。还包括对客户真正的关心和问候，不论是节假日或是客户的关键时间节点，都可以打开客户名单，推送最适合的资源或内容给最适合的客户，还包括专业性的服务。这样才能完成长期的客户服务管理。

上述提到的服务是需要在 90 天内做到位的。在服务完成后，问候的节奏和服务的频率可能会稍有下降，但是对客户常年的关注还是十分重要的。

第一，在 90 天内完成保单的盘点，可以让客户了解保险规划的意义。

第二，通过各种技巧和形式让客户强化风险意识，强化顾问的个人价值。

第三，推送一些适合客户的或者他自己本身关注的一些专业性知识，完善服务内容。

当将服务的锚定点从原来的签订完保单移到90天后，你要做的工作规划和服务动作就会有变化。如果公司有一些体验型的活动，可以大量给到刚签完单的客户，能有效提升客户的满意度。

总结下来，保险是一个人文行业。无论是保险产品、保险公司还是保险顾问，主打的都是长期服务和温情陪伴。保险产品，特别是意外、医疗、重疾、寿险等产品，对于客户而言都属于低频的体验服务，需要通过人的链接和服务的链接让保险变得有温度，让客户不断加深对保险的观念和人生的意义的理解，转变思维。

很多保险顾问致力于寻找新的客户，却不断丢失老客户的市场，这是得不偿失的。老客户的市场需要被不断挖掘，无论是转介绍还是加保，都有很好的效果。在守住老客户的同时开拓新市场，客户就会源源不断。

2. 续期的客户经营与客户服务

做好客户的售后服务不只是为了销售本身，也是为了让客户明白保险的意义。不仅可以带来首期的销售利益，也可以让客户更顺畅地续交保费，对保险顾问而言，收益也是很大的。续期的客户经营以及客户服务是非常重要的。它并不比开拓新市场轻松，但做好后会大大增强客户的满意度，我们要如何操作呢？

我们以保单成交后的90天关键期来说。如下图所示，第一是要做到100%，在保单成交后就要帮助更新他的资产盘点表和保单盘点表，同时要帮客户梳理他的年度现金流，特别是保费。有的客户一年有很多张保单，如果没有做好资金的执行计划，在交保费时就会面临资金不足的问题。这时你就需要将这些盘点出来提醒客户。

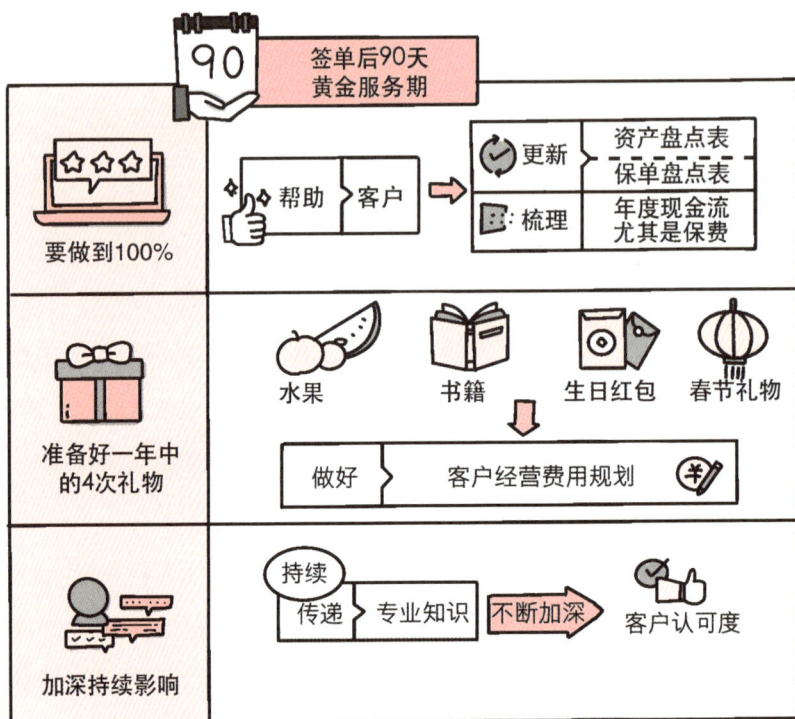

签单后90天
黄金服务期

要做到100%

帮助 > 客户 → 更新 资产盘点表 保单盘点表 / 梳理 年度现金流 尤其是保费

准备好一年中的4次礼物

水果 书籍 生日红包 春节礼物

做好 > 客户经营费用规划

加深持续影响

持续 传递 > 专业知识 不断加深 客户认可度

第二是准备好一年中的 4 次礼物。如果做好 4 次礼物的规划，将礼物分摊到水果、书籍、生日红包、春节礼品中，就可以做好全年客户经营费用的规划。在规划好每年的收入和支出后，在客户的名单管理表中就可以明确不同客户的礼物规划。

第三是加深持续影响，就是要持续传递专业知识。我们可以通过邀请客户听课或一对一沟通等形式，帮助客户加深对保单内容的了解，对保险公司以及代理人不断加深认可，这样才可能加保单或者是转介绍。

在年初的时候就需要提醒客户今年要准备的资产有哪些，可以使用规划好的流量表提醒客户，每个月需要交的保费有哪些。在交完费用后，可以将这笔钱涂成灰色，客户就可以很清晰地了解到每年需要准备的金额有多少。经营品质对于保险顾问而言是生命线，要告诉客户保险是一种契约精神，对于客户和保险顾问来说，这是一种相互支持和品质保证。

除了常规服务和保单提醒外，还可以精选部分书籍，在开学季送给作为宝爸、宝妈的客户。可以选择自己经常阅读的书籍送给客户，这对于亲子关系、亲密关系以及生活点缀都十分有意义。有的客户可能有自己感兴趣的其他领域，比如建筑设计、艺术时尚等。你可以精选一本书送给客户。先自己阅读，再与客户分享自己的读书笔记。

举例来说，有个宝妈客户对亲子关系很有研究，在邮寄一本相关的书籍后，她就会考虑子女的教育金问题。客户加保的原因有很多，例如书籍带给她思考，或是服务带来的效果。这说明优质的服务可以带来业务的拓展。

在签完保单后，保险顾问需要对客户保单进行持续加温。如果不及时进行服务，客户会逐渐淡忘买过的保险产品、保额及缺口。所以保单的盘点和服务需要经常做，但是也不能每天都盘点保单，需要掌握好服务的内容和频率。

向客户赠送书籍，要结合客户的需求来选择。比如，送给有孩子的客户，可以围绕亲子财商、家庭文化、亲子关系等选书，例如《给孩子的财商启蒙课》《人生不设限：绽放更好的自己》《我家的历史》《你是孩子的光》等，会对生活、工作、家庭经营甚至财务理念，都会产生极大的影响，客户阅读后也会受到很大启发。

书籍中蕴含着作者的观念、历史沉淀以及专业特长，可以借助作者的积累帮助转变客户的观念、影响客户的思想，或是改变自身的想法。书籍不仅是营销手段或服务手段。首先要通过书中的思想让自身成为有思想、有影响力的人。其次要借助书的思想去影响客户。每年至少固定选择一两本书作为送给客户的常规礼物，再搭配一些客户喜欢的小物件，比如，画、手工作品、玩具、食物等，就可以一年四季陪伴着客户，增加客户的满意度，对加保以及明年的续期产生有效效果。

除了签合同后的 90 天黄金期，还有很多个最佳时间点，比如在客户的生日时，可以送他生日礼物。再比如续保费的前两个月要提醒客户。年底或者年初可以帮客户盘点保单或财务。这都是非常重要的固定动作。还有客户的结婚纪念日，自己的大事，或是你与客户见面的时间节点等。至少要做到四个动作，才叫服务客户全年基本合格。

从与客户相识开始，到专业知识讲解、见面、约活动、递送保单等，要经历很多环节。需要不断反思哪些经营活动是没有到位的，还有精进的空间。

家庭保单如何批量成交

在与客户沟通时，你是否遇到过这些异议呢？

客户认为只有孩子需要保险，大人可以先不买；或是认为有社保就足够了；或是自述经济压力较大，只为某个家庭成员购买或直接不购买保险；或是家里老公不同意，需要再观望一段时间等。

1. 家庭保单的销售逻辑

家庭中的每个成员都需要进行保险配置，增加保障。家庭保单销售的核心是一人投保全家投保，人人都要有健康保障账户，人人都要有健康险的保障。而家庭保单销售的目标也是十分明确的。对于一个普通的三口之家来说，至少要有九张保单，这是家庭保单销售最基础的目标。

健康险销售中遇到的最常见的问题，就是需要给谁投保。在买健康险时，可以先问客户几个问题，让客户思考。

第一，谁是支撑家庭的人。在购买保险时，我们常说要遵循"先大人后小孩"的原则，因为爸爸、妈妈是一个家庭的主要支柱，是家庭抗风险责任的主要承担人，所以要保障他们。

第二，谁是需要被照顾的人。这里被照顾的人主要指的是孩子和老人。孩子因为年幼，没有经济能力。我们需要帮助其抵抗意外、疾病带来的风险，以及规划未来教育上的支出。老人则因为年纪大，身体逐渐衰老，意外和疾病对他们的危险最大，所以投保需求主要在这两个方向。

第三，结合家庭情况，在购买保险时优先考虑保额，保障将来如果真的出险，能有足够的赔付金保障正常生活。购买保险的费用一般占年收入的 10% 左右较为合理。

第四，在购买保险的类型上，应该先选择保障类，再补充理财类保险。因为保险的第一作用就是用来抵御风险，相比投资的收益，抵御风险更为重要。

这些问题可以帮助客户梳理出清晰的家庭关系以及每个成员的重要性。一个家庭是由丈夫、妻子、孩子以及父母组成。因为不能判断风险什么时候来临，以及风险会发生在哪个人的身上。所以，对于家庭的风险保障来说，每个人都不能少。只有给每个家庭成员都购入足够的保险，才能补足家庭的保障缺口，提供全面的家庭风险保障。

2. 家庭保单沟通的三大障碍

对于保险顾问来说，需要转变自身观念，由先前单一的产品销售转变成为家庭提供全方位的风险保障规划。那么，在家庭保单沟通中，我们常遇到的三大障碍是什么呢？

第一，保险顾问自身的观念需要转变。作为顾问，自己要坚持家庭保单的概念，家庭成员必须人人有保障。要先坚持自己的观念，才能影响客户的观念，从而促成家庭保单的销售。

第二，客户反馈预算有限，不愿购买保险。在客户反馈资金短缺时，保险顾问需要判断客户的真实情况，可以让客户先从基础的医疗或意外险开始购买，再逐步完善保障。

第三，客户提到老公不同意，盲目购买保险可能会影响家庭和谐。

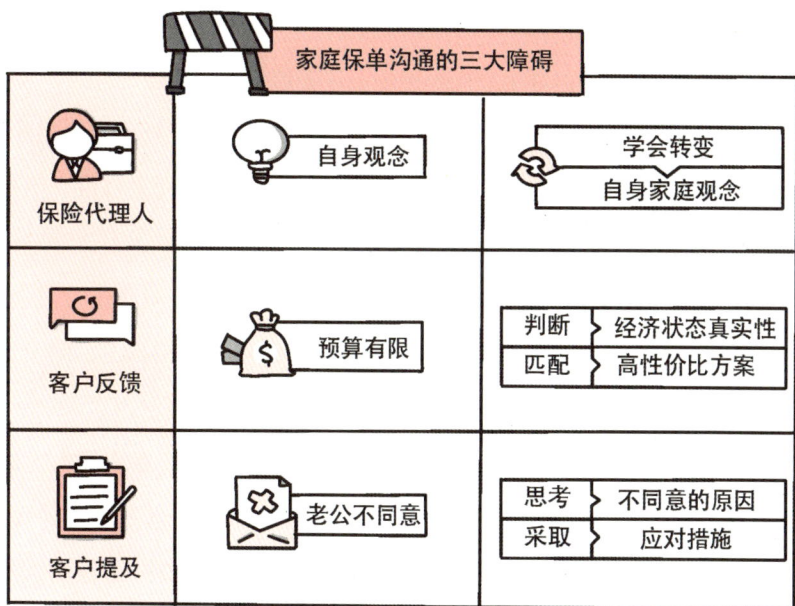

保险代理人	自身观念	学会转变 / 自身家庭观念
客户反馈	预算有限	判断 — 经济状态真实性 / 匹配 — 高性价比方案
客户提及	老公不同意	思考 — 不同意的原因 / 采取 — 应对措施

家庭保单沟通的三大障碍

如上图所示，要如何突破这些障碍呢？

要学会转变自身的家庭观念。保险不是只给某个家庭成员的保障，要让客户聚焦于父母、自己及下一代身上，意识到家庭中的三代人都有保障需求，才能真正转嫁全家人的风险。

前面篇幅中介绍了很多好用的专业工具，比如四大账户、人生周期图、家系图等。特别是需要掌握如何绘制家系图、如何围绕家庭结构完成家庭保障规划和风险防范规划等。我们应熟练掌握通过家系图去跟客户沟通整个家庭的保单的方法。

判断客户经济状况的真实性。前面我们讲到如何做财务规划的盘点，可以利用这个工具进行客户财务状况的分析确认。如果客户真的预算有限，就应该本着对客户负责的态度，匹配最适合客户的高性价比方案。为所有家庭成员提供保障，就是家庭保单成交的重要意义。

客户反馈老公不同意，无法购买保险。如果出现这种情况，需要思考老公不同意的原因，再采取应对措施。下面展示一个具体的沟通示意。

从男性的角度来说，丈夫是家庭的经济支柱，一直在外面冲锋陷阵，为整个家庭打拼。他想努力给家人更好的生活，拼尽全力去打拼。但是他可能没有时间关注保险，忽略生活中的风险。作为妻子，需要理解他的这种情况。还有，多数男性是很有自信的，认为自己创富能力很强，有足够的信心和能力来保护好这个家庭。他认为自己就是靠山，但没有想过自己的靠山在哪里，这就需要好好沟通，转化他的观念。

可以这样与他来沟通：家庭中的每个成员都很重要，都需要有足够的保障。但是老公作为家中的经济支柱和靠山，如果没有足够的保障，其他家庭成员也就没有了坚强的靠山。在拓展游戏中，有一个往后倒的游戏，为什么那个人敢往后倒呢？肯定是因为对团队有足够的信心，因为他的团队就是他的靠山，让他有足够的保障，这也就是保险的作用。

丈夫一直在为家庭成员的生活奔波劳碌着，他作为家庭的靠山，更需要有一个保障，才能保障家庭的安全和稳定。要与他充分沟通保险的重要性，了解购买保险的最终目的都是为了他好，为了家庭的幸福。如果丈夫仍然十分固执地不同意，就需要用其他方式来促成保单。可以先做好保险签单的前期准备，在有空时协助他快速确认，缩短花费时间。

保险顾问的观念转变是促成保单的重要环节，只有从客户的角度思考问题，才能更好地理解客户需求，促成保单。保险顾问要坚持做好家庭全保障观念传播，在沟通中影响客户，促成客户转介绍，批量成交家庭保单。

"货比三家"
的专业解决逻辑

在与客户沟通时，客户可能会说：我听其他人说这个保险产品好，我也想买；或者其他公司的产品要便宜很多；或者没有听说过你们的保险公司；或是想多对比几家再选择；或是认为同样的方案，同样的保额，你推荐的产品比其他公司的贵等。这些都是客户在对比保险公司或产品时会提出的问题。这是一个很正常的对比心态。

那客户是如何确认最终的选择呢？

客户可能是依靠品牌、口碑、专业人士建议等来选择的。有时也会遇到一些比较认真的客户，从各种维度认真地做多种产品的测评，在对比上耗费大量时间，最终反而会迷失方向，无法选择最适合自己的产品。

那么，如何应对喜欢对比的客户呢？

对于很多客户而言，对比花掉了大量的时间，却只是着眼于眼前利益，无法获得长期的保障。保险作为一种特殊的金融商品，需要考虑的因素很多，包括保险公司持续经营的能力、提供保障的时限，以及保险顾问的从业年限等。

保险是一个长期的服务，保险顾问会与客户进行长期链接。这考验的是保险顾问长期服务与链接的专业能力，是十分重要的。

一分钱一分货这句话在保险产品中也是可以应用的。在遇到这种善于对比的客户时，需要思考背后的原因。保险顾问需要和客户强调，保险拥有了才是有价值的，产品买了比不买合适，有保障肯定比没有保障要好。不能一直犹豫不决，纠结于最终选择，这样浪费时间是没有意义的，反而得不到应有的保障。

具体如何做呢？我们可以分为以下三步，见下图。

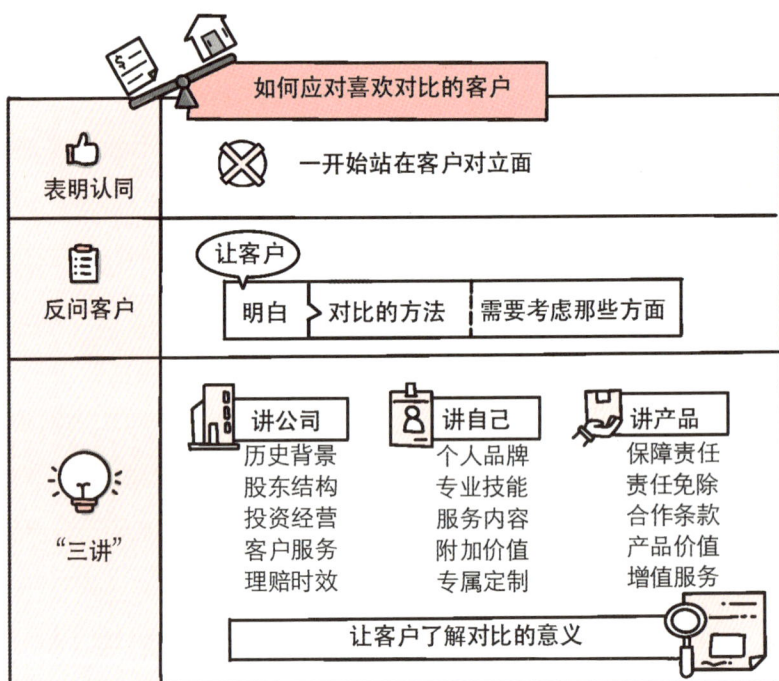

如何应对喜欢对比的客户		
表明认同	⊗ 一开始站在客户对立面	
反问客户	让客户 明白 对比的方法 需要考虑那些方面	
"三讲"	讲公司 历史背景 股东结构 投资经营 客户服务 理赔时效	讲自己 个人品牌 专业技能 服务内容 附加价值 专属定制	讲产品 保障责任 责任免除 合作条款 产品价值 增值服务
	让客户了解对比的意义	

第一步，是要表明认同的态度。在日常生活中，货比三家是人之常情。想与客户有效沟通，不能从一开始就站在客户的对立面。

第二步，要反问客户。对比了很多公司的产品，最后如何来选择呢？或者是保险公司有那么多产品，你到底想对比哪些呢？或者你需要通过哪些方面去对比，想怎样做选择呢？你的判断是什么？要让客户明白对比的方法以及需要考虑的问题。

第三步，通过"三讲"让客户了解对比的意义

买保险和看病其实是同样的道理，需要找到合适的医院、医生来做病情诊断。如果选择不专业的医院或门诊，会得不偿失。保险产品的选择也是一样的，产品是否合适才是最需要考虑的因素。我们可以通过"三讲"：讲公司、讲自己、讲产品，让客户了解对比的意义。

在"三讲"的第一讲"讲公司"中，可以通过以下几个方面来对公司进行介绍。

第一，公司的历史。在介绍的过程中，需要对于过往发展的历程做一个介绍，比如重要的时间节点、公司性质的转变等。回首过去、立足当下，才能更好地放眼未来。

第二，股东结构。股东结构决定了一家公司是否长期稳定发展，可以看出公司经营战略的区别以及可以获得的投资优势，或是资源项目。保险公司会有不同的股东结构，包括股份制保险公司、民营保险公司、中外合资企业等，需要仔细区分。

第三，了解保险公司投资的产业和项目是否全面多元，包括投资的项目回报率，是否能给客户提供长期稳健的收益。

第四，客户服务。以太平为例，太平坚持以客户为中心，提供最基本的关怀服务和增值服务，力求在客户的每一个接受点上，打造卓越的客户体验，提升客户的满意度。比如，客户业务办理的便捷程度、业务流程的简化、VIP 体检、很多客户增值服务等，这部分可以根据具体情况进行调整。

第五，理赔时效。理赔是考验一家公司的赔付能力和赔付时效的重

要指标，是客户最关心的内容，决定客户对于公司的评判。保险顾问可以通过对理赔报告的解读、理赔案例的分享以及具体理赔的操作说明，让客户更加全面地认识到自己公司的理赔优势。

以上这些介绍内容，都可以帮助客户更好地了解保险公司。据银保监会的官方数据显示：截至目前，中国共有保险集团公司12家，人身险公司有97家，财产险87家，在保公司12家，保险资产管理24家，还有外资公司代表处190家，此外还有一些其他的公司5家。很多客户会认为保险公司都是经过银保监会层层审批过的，都受到《中华人民共和国保险法》约束，是不允许倒闭的，所以不用担心公司之间的区别。但是真实情况是保险公司之间会有很大的差异。

如果一个产品保障全、责任多，包含多次重疾、多次重症、多次轻症，比其他公司的单次理赔更便宜，很多客户看合同上没问题，就会选择这个高性价比的方案而忽略了每个保险公司的情况。这就好比客户可能在旅行即将开始的时候，发现自己选择的其实是一艘小船，在遇到危险时，就会面临更大的风险。这种讲解方式有利于客户理解保险公司之间的差异。

接下来说到"三讲"中的"讲自己"，可以通过以下几个方面去介绍：个人品质、专业技能、服务内容、附加价值、专属定制等。

第一，个人品质是很重要的考量内容。保险顾问在从事保险行业时，业绩达成以及个人心态，都是对于个人品质很重要的考验。

第二，专业技能，也是从业的重要基础。在保险条款解读、保险方案匹配、产品选择、金融认知、理赔范围确认中，专业技能都是必不可少的。在与客户的沟通过程中，需要时刻体现自己的专业能力，提升客户的信任度，拉近与客户的关系。

第三，可以向客户介绍自己的服务内容。不仅限于咨询保障规划、咨询家庭财务盘点，还有一些附加的服务，比如健康讲座、每年的健康体检、职业规划、资源链接或个人成长等，都是可以提供给客户的服务。

第四，附加价值可以体现出个人成长。每个人对于行业的理解、公司的认识，包括为客户提供的服务，都有自己的主观性。如何做好与客户的沟通，如何做好客户长期关系的维护以及定期服务，这都是因人而异的。

最后一个内容是专属定制。对于每个不同的客户，都可以定制客户的个性化服务。可以针对客户的生日、特别节日、孩子的生日、结婚纪念日等有意义的日子，为客户提供不同的定制服务。

"专业是底线，专业赢未来。"只有不断学习，不断提升专业知识，才能给客户以正向的反馈，让客户感受到你的用心和投入。这里要引用一句话：未来能够永生的是用极致专业精神武装的高贵灵魂。在客户服务中，要用心、专业，让客户加强信任感。

最后是"三讲"中的"讲产品"，主要可以从以下几方面进行介绍，包括产品的保障责任、责任免除、具体的合同条款、产品的价格以及增值服务等。

在向客户介绍产品时，要详细介绍具体内容和范围、责任免除的提醒、合同条款细节的解读以及具体的价格等。在产品价格的部分，要涉及一些组合产品及组合方案的介绍，还包括产品的增值服务，比如健康管理、线上就医、住院垫付、绿色通道等，这些也需要进行重点解读。

在沟通产品的过程中，还需要问客户是否关注到理赔的问题。很多客户对于理赔数据、理赔流程等都不了解，需要和客户详细讲解。在销售保险产品时，需要从客户的财务状况和实际需求出发，考虑整个家庭的风险规划，做一个长远的保障，包括医疗险、意外险、重疾险、寿险、教育金、养老金等，不是简单地推荐保险产品就可以。

对于健康险而言，需要将异议提前处理。需要了解客户购买健康险的原因，从而进一步向客户介绍理赔知识。可以发送理赔知识相关的图片给客户，让客户了解前十种重大疾病理赔主要的类型有哪些，让客户看到呼吸系统、消化系统和循环系统的发病概率，以及重疾中恶性肿瘤的理赔概率等信息。

很多客户会问，已经买过重疾险了，为什么还要继续购买防癌险呢？其实原因很简单，既然 90% 的理赔发生在恶性肿瘤中，就需要加大这部分的保障力度，从而获得更加全面的保障。还需要与客户进一步强调，防癌险便宜，对于保险公司而言，理赔率高、保费便宜。

因此，购买防癌险后，可以用最小的代价获得最高的保障。通过对具体理赔数据的解读、保险方案的匹配，可以让客户感受到你的专业程度以及对保险产品的理解，从而加深客户对你的信任。对于任何的产品对比来说，没有最完美的产品，只有最合适的方案。

用这套客户名单管理表，谈成了百万生意

你是否经常遇到以下的困惑，团队举办活动，但是不知道该约哪些客户？公司有款产品上市，但是不知道该约谁见面进行推广？近期新成交的几个客户怎么都不在原来整理的客户名单里？盘点完成后的客户名单没办法好好利用起来！

这些问题的产生说明日常没有形成有效管理名单的习惯和掌握帮助进行客户名单管理的工具。

1. 客户名单的管理过程中有三个关键点

那么，如何通过精进客户名单管理，提升自己的业务能力？

第一个关键点是客户名单的收集。

寿险营销生涯的成功，90% 取决于客户名单的收集，参加社交圈就是客户名单收集的第一步。只有认识更多的人，得到更多的微信、更多的号码以及更多的信息后，才能获取其他活动邀约。

在建立自己的社交圈后，需要经常盘点并更新社交圈和互动率，促进社交群体更好地转化为客户名单。如果想拿到某个具体客户的信息，需要从静态信息慢慢延伸，将客户信息更新得更加全面。

有了客户信息后，才可以把社交圈逐渐转化为可激活、可拜访、可见面或者可约访的人员，这样你的客户名单才是全面的可利用的。

第二个关键点是客户名单收集要避免自我设限。

很多保险顾问在做名单管理的时候通常都有一些自我设限，都包括哪些设限呢？

第一种设限是我们在做客户名单管理的时候，很多客户不会被列入客户名单，比如说关系不熟的客户，我们主观地认为因为和客户不熟悉，无法与对方过多交流保险相关内容，想要等熟了后再列入名单。

第二种设限是我们的客户可能是因为经济、身体等原因，暂时无法购买保险。

第三种设限是已经买过保险的客户。

第四种设限是对方明确流露过暂时没有保险购买意愿。

以上这些客户曾因各种原因拒绝购买保险，很多保险顾问就不会将其列入客户名单，会导致自己的客户名单很短。

想要打破上述四种自我设限的障碍，扩充自己的客户名单，我们应该怎么做呢？

首先，我们可以先将关系近的纳入名单，比如自己、自己的家人等。然后是关系比较近的朋友、同学、同事、邻居包括同乡、爱好圈等，可以把这部分全部当成你的社交圈来排列。按关系远近来列也可以，按照财富值来列也可以。最后，要把微信中所有的好友罗列出来。如果你的微信里面有 5 000 个好友，你就应该列 5 000 个人的名单。

写名单是保险顾问每天都会做的工作。当我们开始一天的工作时，第一件事情是要把名单打开，看一下今天应该和谁聊，或者有一些好的资讯应该推给谁。一天工作的结束也应该从名单结束。在客户名单管理中养成优秀的习惯，有助于利用客户名单做好客户的日常经营。

第三个关键点是如何利用客户名单进行业务拓展。

不管是传统的一对一面访方式，还是通过客户转介绍，抑或通过前面学到的自我介绍、海报以及品牌故事，通过朋友圈分发客户等方式，可能会产生一些充满机会的销售漏斗。但是不管用哪种销售模式和销售漏斗，转化率可能都没那么好，其原因可能是客户名单尚未被激活，所以名单利用效率仍然较低。

想要提升客户名单的激活率，拜访客户是必不可少的。拜访客户有多种方式，比如说一对一见面，邀约参加活动，通过微信交流，发送公司的服务资讯，给客户提供理赔服务，看客户的朋友圈，看客户档案，整理客户名单等。

拜访客户需要与客户产生链接，与客户进行交流，可以将其分为前中后三种形式的见面。

第一次见面是资料的准备，需要查阅客户最近的朋友圈，还要打开你之前和客户见面、拜访档案来回顾。

第二次见面是指真正见到了客户，无论是会面，还是微信连线。需要根据之前准备的问题、准备的材料或者你这次拜访的目的和客户进行深入交流。

第三次见面就是指见完客户后，需要补充这次和客户见面的记录至客户名单中。每次见面都可以更多地了解客户的保单购买意向和线索，所以记录是很重要的。

2. 运用客户名单管理表与客户沟通，达成签单

接下来，通过案例讲解如何运用客户名单管理表和客户做更详细的沟通并签单，见下图第一部分是见客户前，第二部分是见客户后。

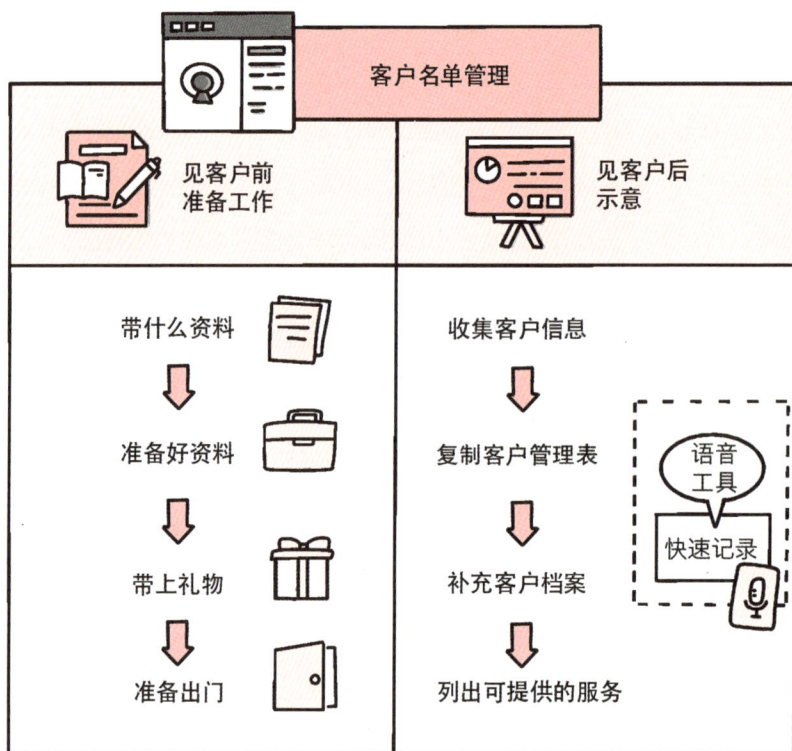

客户名单管理

见客户前
准备工作

见客户后
示意

见客户前准备工作	见客户后示意
带什么资料	收集客户信息
↓	↓
准备好资料	复制客户管理表
↓	↓
带上礼物	补充客户档案
↓	↓
准备出门	列出可提供的服务

语音
工具

快速记录

第一，见客户前的准备工作。

在见客户前做准备工作时，名单管理表可以给我们很大的帮助。比如说下午 2 点约了客户要给他送新年台历。除了准备新年礼物，我们马上要做的是打开客户名单管理表，为出门做更充分的准备。

这里以尚不熟悉的客户来举例。首先可以在客户名单管理表中看到，客户是物业公司总裁助理，长期居住地是深圳，其他信息暂不了解。备注中记录了在读书会的相识过程，以及聊天内容。客户曾经聊过深圳楼市的新规，看出近期他十分想买房。另外，他对财务问诊十分感兴趣，曾经给相关朋友圈点过几次赞。

192

根据这些信息，在见他之前，除了准备台历以外，还要做三件事情。第一是要查询将要实施的房贷新规，了解最新银行合同重签的细节，并保存好相关文章，到时可以作为福利发给客户；第二是要打印好财务表，这样方便和他做当面的财务盘点；第三是要打印好开门红产品年金利率的演算表，告诉他怎样在实现买房的同时做好孩子的教育金规划。

我们通过客户名单管理表已经知道要给客户带什么资料，在准备好这些资料后，带上礼品就可以出门了。

第二，见客户后的示意。

在与客户的聊天过程中，了解到客户做过十万元的 P2P，但是爆雷了。他还做了一部分的银行理财，大概 4 个点左右。他还投资了一部分的基金。这就是他自述的投资经验。

那通过这次见面，我们收获了有关客户的大量信息。接下来需要通过一个语音工具快速把信息记录下来。备忘录里面有语音助手可以帮助我们快速进行，在回程中已经可以完成这些记录。这样回去之后只需要把信息拷贝到客户管理表上，就可以做成一个非常完整的客户档案。

在更新后的客户管理表中，可以看到 3 个维度的信息记录，是对客户的投资、家庭、开门红产品的初步认识。

为了方便回顾，可以将最重要的内容放在关键字这一栏上。比如客户提到说非常期待越往后利益越高的复利，对开门红的短期流动性不满意，以及提到了身边的同事和她一样社交圈比较窄，很少有认识别人的机会。这三点是提取出来的关键字，有利于快速了解客户的痛点和需求。

表格后面需要列出顾问可以提供的服务。仅仅一次的见面和聊天是很难促进保单的，往往这次结束的同时就要规划下次的见面。如果可以通过线下活动见面，让客户来到你的主场，这样的见面是最高效的，也是构建销售闭环的重要方式，可以有效提高签单率。

以这个客户为例，她对房子和复利很感兴趣，等公司举办相关内容的专业讲座时就可以请她来参加。另外她还提到，同事和她一样都缺少认识别人的机会，所以下次如果有爬山等户外活动的时候可以叫上客户和她的同事一起过来，有利于感情的升温和转介绍。上述这些记录可以将我们日后要做的事情清晰地写出来，让工作事项更加明了，便于操作与回顾。

从出门前的准备到见客户后的语音助手初步记录，再到客户名单表格的丰富和活动筛选，我们不但制作了一个非常精要且方便的客户管理表，而且以后在需要邀约活动的时候，我们还可以做到十分精准和高效。只需要点击表格做筛选，就可以清楚地知道哪些客户适合哪种活动。通过精准匹配客户需求，可以将产出提高约 50%，大幅提升社群签约率和复购率。

做客户档案是一件必须做的事情，可能很多保险顾问会觉得麻烦。但只要足够耐心，再通过语音工具的辅助，就可以大大降低记录的难度，将客户管理表变为快速高效邀约活动、提高转化率的平台。这份客户名单管理表无论线上、线下都适用，不管你是新人还是老人，只要养成这样每天记录、每天更新的习惯，百万大单迟早是囊中之物。

为保证客户的激活率，实时更新客户名单管理表是很重要的，同时盘点社交圈也是必不可少的。很多时候，你可能会发现，自己无法和多个社交圈中的客户进行深入交流，这时就需要进行社群的聚焦经营，对同频的社交群体集中交流，往往可以获得意想不到的收获。

在日常工作中我们会发现，如果把客户的信息全部记在脑中，是完全记不住的。但将它在纸面上记录后，只要在名单中查找，就可以精准定位客户的需求，从而列出下一步的行动计划，工作效率也会大幅提升。

以上讲解了客户名单的记录方法，那客户名单管理要什么时候用呢?

首先是在每月做规划时，不管是绩效规划，还是自己的时间规划，都应该看一下。第二是在每周做计划和做复盘时查看。第三是每天开始一天的工作时，应该把这天的管理表格打开看一下。看看除了之前约好的客户外，今天是否还有一些资讯需要及时传递给客户。最后是随时随地查看。在规划工作行程和专业成长时，都需要参考这个表格，随时随地做记录。这个表格也是你日常工作的记录，所以要养成每天查看的好习惯。

逢拜访，必记录。客户名单有黄金，把这个简单的做法重复用，就可以利用这个重复的动作找到真正的生意。

客户信息采集，必须要关注的 7 个维度

要做好客户信息采集工作，必须要关注七个维度。这里我们把这个功能聚焦眼下的保险顾问工作当中，看看所谓的互联网专业名词跟客户的经营到底有什么样的关系。

1. 客户的动态与静态信息

过往对于客户的档案管理多局限于静态信息，比如职业、年龄、身份、已婚还是未婚等等，但仅有这些信息，我们对于客户的了解还是不够的。我们没法准确地说出这个客户的特点、兴趣、爱好、近期活动、今年主要的目标、他关注了哪些事情、他的人生愿望、他的决策模式、他的性格等。

客户的信息可以分为两类，一类叫静态信息，一类叫动态信息。静态信息就是指年龄、身份、出生年月日、性格等，这些都属于静态信息。而动态信息就是指随着他阅历的增加、他的职业改变、他的财富变化、他的人生经历等，很多变化共同构成的信息。静态信息相对好掌握，但动态信息需要通过常年的跟踪，才能得出对一个人的大致了解。

举例来说，有一个不熟的客户在国外看展的时候发了条朋友圈："人文和艺术其实就是人类活着和活过的唯一证明。"这时你应该怎么做呢？

196

首先，应该马上把"人文"跟"艺术"两个词，包括他自己的主业加到他的关键词里面去，对他的客户名单管理表进行一次更新。第二，还需要搜索你所在城市的有关艺术、绘画展览的专业讲座和展览大秀，形成全年的活动提醒，可以提前发给他，邀请他一同去看，或者是做一些相关的友好服务。第三，还可以推送一些关于艺术和人文的文章给他。第四，在见面或微信交流中，多提及他感兴趣的领域。你可以多向他进行请教，例如活动及文章推荐等，这些都可以拉近与客户之间的距离。

接下来再看第二个案例，有一个客户在商业价值、IP 孵化等领域有比较深入的研究，同时也是一个生活中的美学达人。那么在客户名单管理表中，她的关键词就是：商业价值、IP 孵化或者生活美学达人。标注后要以乘法的思维去思考，这个客户怎么为我的其他客户提供价值呢。这时要打开客户名单表，看一下有哪些企业主或者管理层特别关注企业的转型升级、个人 IP 或者影响力打造。你可以成为他们的桥梁和链接，在他们之间赋能，产生价值。这个案例说明，我们要基于客户价值来做客户名单的管理，而不仅仅是基于签单，事业的发展才能更加长远。

第三个案例是讲一个客户在年初写了一个实践心愿清单。这是客户的目标，保险顾问也应该把它放到自己的年度目标中，思考如何能成就客户。在看到这条朋友圈时，首先应该点赞，之后可以询问客户，哪些心愿是可以协助完成的。客户回复后尽快响应。不是所有的愿望我们都可以帮助实现，但可以尽力帮助客户。这才是我们要做的真正的客户档案更新。

再来看下第四个案例，来看看这些"宝妈"的朋友圈。

第一个"宝妈"客户，主业是医生。她在朋友圈中发布了一些医院景色的照片。通过这些照片可以看到她虽然是一个医生，但在繁重的工作之余，仍然没有忘记对生活中美的追求，没有忽略对自身品质的追求。说明她是一个很热爱生活的、有温度人。

第二个"宝妈"是公司里的高级管理人员，她的公司获得了最佳雇主称号。这说明她对于此类评选很有经验。如果还有其他客户也很关注如何把企业打造成一个最佳雇主，保险顾问可以在中间帮助双方建立联系。有关于她的其他信息是对孩子学习的关注。她很关注孩子的陪伴，很关注绘画，很关注孩子的成长，可以看出这是一个事业跟家庭兼顾的女性。

第三个"宝妈"的朋友圈中，有她连续 400 天的亲子阅读打卡，从未间断。说明这个客户很自律，并且她有自己长期追求的习惯和爱好。

我们与这三位"宝妈"的沟通应有不同的侧重点。比如第一位客户她的身份是医生，可以以医生、医护的话题请教她。第二位客户在企业评审等方面很专业，可以和她在这方面进行交流。第三位客户在亲子阅读方面很用心，可以考虑请她给"宝妈"群体分享亲子阅读的经验，或者如果她有办训练营，可以请其他客户去参加训练营。

下面来看如何利用微信交流区分客户，再以三个客户来举例。

第一个客户在买了健康险之后，在把健康险的背景和计划书发给她时，她的反馈是看不懂。可以看出她是个不愿意研究细节的人。这时就要转变沟通方式，简化语言和资料，让客户更省心。

第二个客户家庭经营得很好，夫妻关系也很和谐，而且愿意在财务上面投入时间，进行交流学习。随着对家庭财富管理的不断升级，她要求她的先生也一起进行财务方面的学习，起初她先生也一样花很多的时间来交流，但交流效率不高。究其原因，是由于个人兴趣点与专注度的差异，财务管理能力的提升不能一蹴而就。那我们可以给到的建议就是要遵从每个人的选择，不要强求。相对而言，这是一位十分优质的客户，学习能力和沟通能力都很优异。所以，我们之间也是一种很平等的沟通关系，类似于朋友之间的倾诉。

第三个客户是一位创业初期人员，对家庭很有担当，对身边的客户也非常好。在推荐保险时我们推荐以目前的财力先做一份规划，之后再慢慢完善。这是我们正常的服务，但是客户的反馈十分热情，这说明他是个能与他人有情感共鸣的人。

这三位都是客户，但由于个人性格、经济条件等的不同，我们需要给他们打上不同的标签，从而针对不同客户做有差异化的回应。

2. 客户信息采集的 7 个维度

那要怎么才能深入了解客户呢？首先，要了解他的身份标签，比如，年龄、性别、职业、来源、社交圈、交通方式、开车习惯等，这些都是需要做好记录的。第二个是他的消费偏好，喜欢艺术还是文化或是其他。第三个是忠诚度，每个客户的忠诚度和消费习惯都有差异，这对于我们的业务推广会有一定影响。最后还有族群的特点，客户身份的特征会与自身圈层有关。

我们前面提到的这里有 7 个维度，到底我们应该怎么去了解客户，才能够真正地了解客户、服务好客户，并且让他真正感受到满意的服务呢？

在前面的章节我们学习了如何完成客户档案信息采集和客户名单的管理，但还需要了解客户信息采集必须关注的 7 个维度，才能将信息更好地填进名单中，见下图。

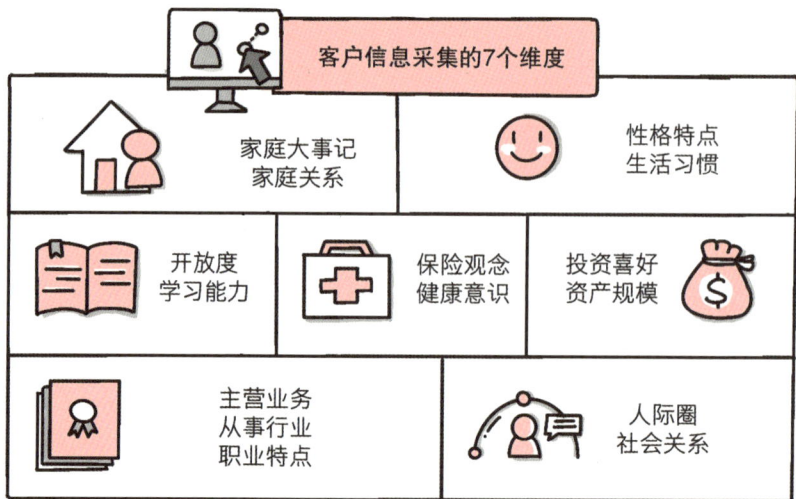

客户信息采集的7个维度

图标	维度
🏠	家庭大事记 家庭关系
🙂	性格特点 生活习惯
📖	开放度 学习能力
➕	保险观念 健康意识
💰	投资喜好 资产规模
📜	主营业务 从事行业 职业特点
👤	人际圈 社会关系

第一个是家庭大事记和家庭关系。比如结婚纪念日、孩子的生日，包括父母的银婚或者是自己拿到的荣誉，这就叫大事记。还有家庭关系，例如家系图就是很好地呈现家庭关系的专业表达。家庭关系中的亲密关系，旁系、直系等，还有财务情况，这些都是可以去了解的。

第二个是客户的性格特点和生活习惯。客户是有不同性格和生活习惯的，这些在平常沟通中采集信息后就应该列出来。比如有的客户在沟通中提到，他习惯12点起床，下午2点吃中饭，那在与他联络时，就要尊重他的生活习惯。在记录客户的时间习惯以后，才不会对他们有不必要的干扰。作为保险顾问，也可以明确告知客户自己的空闲时间，方便客户联系自己。日常的时间习惯、告知习惯以及尊重他人的习惯也是专业能力的一种体现。

第三个是开放度与学习能力，这决定了客户发展的宽度与广度。我们要关注客户每年的成长、学习的意愿等。

第四个是了解客户的保险观念和健康意识。

第五个是要了解客户的投资喜好和资产规模。

第六个是要了解他的主营业务、从事的行业和他的职业特点。

第七个是要了解其人际圈和社会关系。

这些都需要在沟通中不断采集。所以一个人的客户关系的管理表越详细、维度越多，说明保险顾问做的工作越充分，后面的工作效率就会越高。

这 7 个维度是我们必须要掌握的，可以在实践中慢慢练习和体会。

善用这个模式其实就是通过客户自己的行为、朋友圈、消费、时间管理等习惯，对客户进行真正全面了解，而不仅仅局限于表面的年龄、性格等静态信息。在互联网上，在客户的朋友圈及微信交流中，我们可以对信息进行采集，汇总成完整的客户资料。

第 **6** 章

完美的服务
成就完美的成交

年度复盘
就是高级品牌故事

如果你已经准备好了个人品牌故事的文章，在和客户沟通后，客户可能会问道："你这个故事写得不错，那你现在保险行业干得怎么样呢？"

在保险行业中一直会有成长和变化。客户首先想要知道你的故事，第二是想知道你的发展。那我们如何通过复盘将每年的成长变化更加真实地传递给身边的客户？

首先，在保险行业中，有一些需要坚守的习惯。

第一是每年都要做财务规划。每年初都需要做年度规划、五年规划和十年规划。一般五年规划不会有太大变动，但会有一些微小的调整。

第二是年度复盘，年度复盘是对年初做的规划做一次过程的梳理和最后结果的检验，看最终完成结果的差异，反思差异的原因。复盘可以让自己不断精进业务。要想成功经营，复盘和规划缺一不可。

1. 细数有哪些事情值得复盘

首先是项目结束的时候需要复盘。第二是举办大型会议后，需要召集会议的组织方和参与人员来做复盘。第三是在完成课程后，可以让同伴一起参与复盘。第四是阶段性复盘，例如一个月、一个季度、半年、一年都可以进行复盘。复盘是一种习惯，可以定期回顾在阶段中的成果是否达到预期，可改善处有哪些，这也是更新迭代的一个过程。如下图所示，复盘是反思的过程，可以看到其他人身上的闪光点，也可以从方法的改进和工具的完善中找到快乐并提高水平。

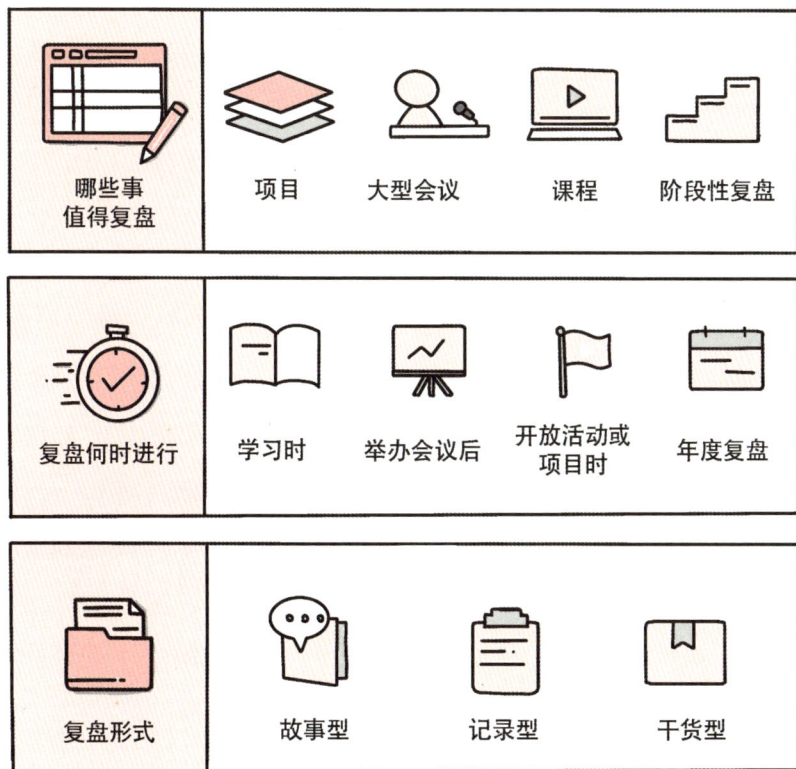

复盘不一定要使用书面形式记录，当然形成纸面的、书面的或电子文档更加有利于使用、传承或是复制。但有些小事的复盘可能只是简单记下来，并且形成了这样的习惯，这也叫作复盘。复盘首先是一种思维和习惯，其次是表现方向，选择报告、文档还是写成文章都只是形式上的差异。如果能分享给更多人，对复盘内容的记忆就会越深。因此建议将复盘总结为文章，发布到微博、朋友圈、简书、公众号中，更便于了解个人的成长过程。而对于某些比较私密的复盘，可以写进日记中记录，要根据具体事项来选择复盘的方式。

前面提到的要善于做规划。规划并不意味着不可调整，通过月度、年度的复盘和规划，可以体会到每年提升目标的自我突破。所以在学会这些方法后，你可以针对本书学习，做一个比较详细的复盘，包括可以改进的、收获的以及对未来的期待。学习这次课程后，你希望在工作、学习、生活、事业规划、财务方面等有哪些帮助和目标呢？我们的课程也会不断迭代，你要影响多少小伙伴跟你一起来学习呢？这些都叫复盘。

对于保险行业的人来说，复盘是一种习惯，它有三个十分重要的作用。

第一是有助于深度学习。每个人的入行时间、年龄、财富值、客户市场等各不相同，所以对知识消化和吸收的结果差异是很大的。复盘是一种深度学习，这种习惯的养成可以帮助自己更好地理解与消化。

第二是复盘可以让自身持续精进。复盘不仅指学习，如果策划了一个活动，这也是一种复盘，可以了解到如何改进效果。

第三是年度复盘是一种高级的品牌故事。每个人都希望通过努力得到社会的认可，品牌故事就可以有效传播个人影响力。

那复盘要在何时进行呢？要如何编写呢？

首先，学习的时候可以复盘，比如参与课程培训和学习安排，都需要进行复盘。小的复盘可能只是简单地制作思维导图，复杂的还需要整理学习材料。第二，举办会议后需要复盘。当组织复杂的会议时，流程较多，涉及人员也较多。未来可能也需要召开同样的会议，为了总结经验，就有必要进行复盘。第三，在做升级活动或项目时可以进行复盘。第四，最重要的就是年度复盘，可以把一年中最重要的事情、里程碑的事件、重要客户、重要事情等一一记录，还包括想要倾诉的故事等。在创作年度复盘时，可以拆分成阶段性描述，还需要通过重要性进行筛选。

复盘的核心思想是，根据课程中学过的内容，结合职业、成长环境及核心思想，领悟自己与财富的关系、与金钱的关系、与人生目标的关系。这样就可以不断迭代，更新复盘。

2. 复盘的书写形式

复盘要以什么形式来书写呢？一般来说，根据自己的风格、喜好或内容，可以分为以下几种类型。

第一种是故事型。以故事或案例开头，容易引起阅读兴趣，也容易引发共鸣。这种写法一般比较细腻，有场景和画面感。可以讲述经典故事，与客户间的小故事，或家人间发生的故事等。

第二种是记录型。可以记录下课程中学习的内容，反映出你所学内容的专业性、自身的价值追求和专业追求。

第三种是干货型。类似于针对问题的拆解，帮助客户解决问题。

第四种是应用型，结合自身职业或社会事件，举一反三来解读。

对于客户或朋友的许多问题，为避免重复解释，可以将在行业中的思考和收获用不同形式反馈出去，提升效率，反复使用。在学习后，要总结对于技能、能力以及思维的提升。举例来说，学习摄影、PPT、写作、英语等，这些都叫技能。如何提高学习能力，如何有效地沟通，如何能够做好项目管理，包括如何能够表达到位，这些都是属于中间层的协调能力，要将思考过程表达出来，都叫作中间层的能力。底层则多指思考和思维模式，更看重逻辑能力及思考模型等，这些都与底层思维有关，这也称作可迁移能力模型。

当读懂这个模型后，可以告诉客户保险顾问之所以选择保险，是因为很多人看到了保险行业可以充分从底层、中层和上层全面发展和培养人才。对于人才培养方面，你可以主要考察优秀人才拥有的更多是技能还是中层能力，要看他本质上是不是一个有学习能力的人，是不是一个逻辑清晰的人，这是非常重要的。

从一开始做规划，到中间了解从 7 个维度采集客户的信息，再到以不同的方式做海报，包括以 PPT 的方式呈现出来，这都属于表现形式。另外，通过专业能力的演练打消客户的疑虑，到后面进入服务和品牌的环节。这些部分对于我们一个人的能力或是保险专业能力都是非常重要的。课程的理解需要自己从结构化方面来拆解。怎么能够在行业中达成一个更高的目标，完成创业愿景？怎么能通过专业和习惯的养成抵达目标？怎么能够将最后的成果通过朋友圈、海报、复盘文、品牌故事传递出去，形成正向循环？这才是学习课程的意义所在。

因此，你所长期坚持的以及呈现的就是你的高级品牌故事，复盘只不过是让你把你做过的事以一种不同的形式表达出来而已。即使你没做复盘，只要养成了习惯，别人也能感知到你个人的标签和形象，如果再加上一些呈现，就可以有效提升效率。

保险合同送达
就是加保的开始

经营好客户不是一件容易的事情，但是如果真的把客户放在心里，把每一个服务的动作做到位，就可以批量获得客户的尊重、获得客户的转介绍以及客户的签单。服务客户最重要的是持之以恒，养成习惯。

1. 送达保单是再次营销的机会

我们首先回想一下，在递送保单时你通常会花费多长时间呢？会做什么呢？

保单递送可以有多种形式，包括当面递送、邮递寄出等。在这里只考虑本地见面的方式，来看一下会用哪些时间做哪些事情。保单的递送过程中可能会发生几种情况。

第一种是保单签好后，直接送到客户的单位或者家中。同时告诉客户收好保单，有服务或者理赔需要可以随时联系。

第二种是可能花十分钟与客户寒暄，或是携带小礼物上门。

第三种是花 20 分钟左右的时间为客户讲解保险条款、保险责任、理赔注意事项等。如果是年金险，还可以讲解返还形态的内容。

第四种是去客户的工作单位或是约客户见面吃饭，找几个客户的朋友或者同事，要求客户转介绍。

同样是递送保单，也会有不同的动作。有些保险顾问会认为递送保单代表着事情结束，直接走掉。有些会认为需要让客户清楚了解产品。还有些会对客户有更多的要求。对于所有的服务行业，包括保险行业来讲，服务即营销。

对于客户的每一次服务都是再次营销的过程，可能是源自 90 天之内的服务，可能是来自一次售前的服务，也可能是来自一次送达保单的服务，每一次服务过程都是一种营销，包括在前面讲到过的，通过客户名单的整理邀请客户参加公司的活动、寄送礼物等，都是服务的体现。

保险行业与人际链接的服务息息相关，每一次服务都能加深客户对公司的品牌、个人的专业度、产品规划不同的理念等的理解。多数客户不会一次性将保险购买完全，这与客户的保险观念、身体状况、财务状况都有很大关系，所以每一次的服务都会增加客户对保险的信念和满意程度。

2. 送保单前，你需要这些准备

在给客户送达保单时，我们要送的不仅仅只是一份保单。首先，我们需要把客户的基本资料牢记于心。然后，帮助客户写一封给家人的信，帮客户做保险四大账户的检视图，帮客户梳理保险配置，帮客户做财务诊断，做微信社群的介绍，准备好个人海报等。

这些工作虽然在前期销售保险时已经准备过了，但第一遍给客户讲的时候，他可能是一知半解的。如果半年后或是一年后与客户再见面时，你讲过的内容已经被客户遗忘了，可以再准备一次。

这里只列举了几个主要的资料，其他需要准备的资料还有很多。准备这些资料的作用有以下四点：

第一是让客户知道做这个保险规划的原因；

第二是做完这次规划后保险的缺口还有哪些；

第三是未来还有哪些保险需要购买；

第四是增加保单后，客户每年收入和支出的变化，需要提前准备的资产有哪些。

那为什么要准备好微信社群的自我介绍和个人海报呢？在送达保单时客户的满意度和期待值会比较高，这时可以利用客户对你的信任度，让他介绍其他的朋友给你。比如，让客户找出最好的几个朋友，建群认识一下，将来如果有需求可以随时找你。这个群也不需要做太多的动作，可以发一篇你的自我介绍，发一个海报，给他们发一个小红包等，没有太多的其他用途。随着保险观念的普及，越来越多的客户朋友们希望身边的朋友拥有保障，这也是有效拓展客户的方式。

不管是学习保险知识还是学习其他知识，有一个通病叫常常追逐新知识，这是指经常遗忘学过的一些知识或方法。学过的每一个方法什么时候用，如何用，是详细讲还是粗略讲，这取决于你在客户面前的角色、身份、阶段以及客户的认知。学过的知识可以串联起来使用，串联方法取决于客户当前的情况。要不断重温之前学过的旧知识，知识的应用会更加高效。

例如，在给客户送达保险合同时。首先要做的事情是回顾客户购买的产品，将客户已买产品填入保险四大账户检视表中，可以看出已保障的和还需完善的保险产品有哪些，为客户的下一步规划做参考。保险通常是循序渐进购买，如果通过送达合同做了第二次规划的回顾，就可以让客户了解自己未来的需求和保障缺口。还会有客户在送达保单时连续签第二次的保单，在送达合同时不仅要重温先前所做规划的意义，对客户表示肯定，还要就这次规划可解决的问题进行解读，指出合同条款中的关键点，包括理赔或是权益返还等。同时对客户的财务情况进行梳理，让客户增强对你的信任度和亲密度。

第二件事情是要帮客户建立仪式感。客户购买保险的情况有很多种，有些是瞒着父母和孩子完成规划，还有些客户是通过购买保险表达他对父母、家人、孩子的爱。如果在销售阶段中客户已经明确表示家里人对于他购买很支持，愿意在未来持续规划财务和保障情况，你可以为客户提供一些模板，在保单的第一页准备好看的信纸，协助客户完成这封充满爱意的信，让客户表达出他对家人的爱和责任。或者可以让客户提前写好，这样在送达合同时，就可以和家人一起，念出信件的内容。

保险顾问的服务是属于长期陪伴性质的，当你出现在客户家里或是单位的时候，可以通过保单的规划形成一种与客户的链接。作为一名专业的顾问，要帮助客户解决仪式感的问题，让他借助保单表达对家人的爱、责任及担当。

通过上述讲解的合同送达相关内容可以看出，如果在一开始就讲明先前规划的意义、后续缺口以及未来规划，就可以决定未来三个月乃至三年内这个客户的转介绍以及加保的结果。这里有个专业名词叫首因印象，客户会对你沟通时说过的内容产生印象，在一定程度上影响客户未来的规划。

除了上述讲到的合同送达时需要准备的资料，还有很多计划需要明确。下面将着重讲解保单送达的路线图，又叫保单送达7件事，见下图。

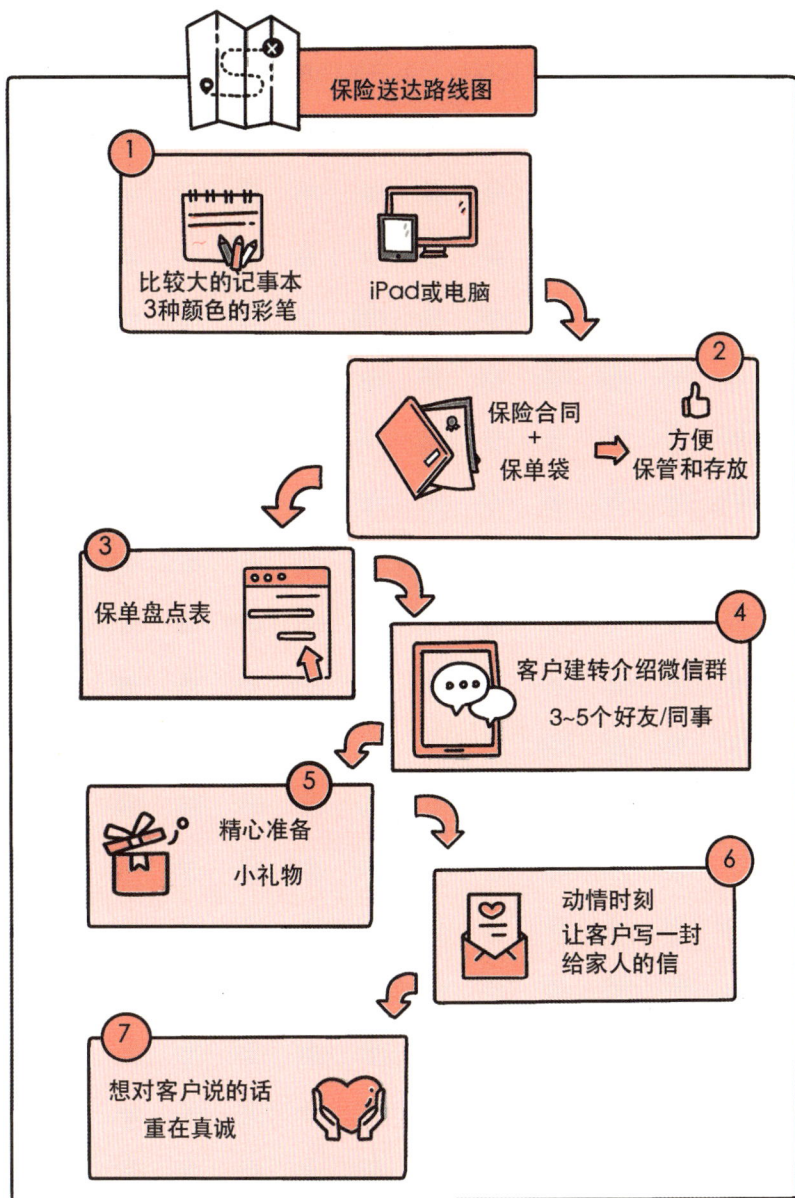

保险送达路线图

① 比较大的记事本
3种颜色的彩笔　　iPad或电脑

② 保险合同
＋
保单袋　⇒　方便
保管和存放

③ 保单盘点表

④ 客户建转介绍微信群
3~5个好友/同事

⑤ 精心准备
小礼物

⑥ 动情时刻
让客户写一封
给家人的信

⑦ 想对客户说的话
重在真诚

第一是要准备一个比较大开本的记事本或者手账本，准备 3 种颜色的彩笔，也可以带着 iPad 或者电脑。第二是一定要带保险合同和保单袋，方便客户保险合同的保管和存放。第三是保单的盘点表。第四是要求客户建转介绍微信群，3～5个好友或者同事就足够。第五是准备一份小礼物，要根据对客户的了解程度来精心准备。礼物不在贵重，关键在于心意。第六是动情时刻，可以让客户写一封给家人的信。如果家人在且家庭气氛较好的情况下，可以让客户念出来，并且拍照留存。第七是想对客户说的话。保险保障是一件很长期的事，保险顾问写给客户的话重在真诚。

给客户送保单的时间是有限的，但一定要做好准备工作。只有做好充足的准备才能达成想要的目标。作为保险顾问，要在情感上与客户产生共鸣，在专业上与客户重温这次规划的意义，以及在小礼物上或是沟通上让客户感受到你的关心。只有做好这些，才会产生源源不断地转介绍。送达保单就是一个比较好的转介绍过程，可以提前将品牌故事、海报、社群资料准备好，结果顺其自然就好。

保单送达等于两个开始，第一个是加保的开始，客户明确知道家人的哪些保险还没有买，自己的哪些保障额度还不够，这些都会被纳入他之后的规划中。第二是转介绍的开始。在见客户时，既要表现你的专业，又要让客户了解你的贴心，所以保单送达是一个非常重要的关键步骤。

获得客户
转介绍的三个妙招

俗话说:"人际关系就是财富"。客户资源是业务开展的前提,也是一切业绩的基础。能否在寿险行业长期持续地发展下去,取决于有没有源源不断的新客户资源。

开发新客户是保险顾问的基本工作之一。那么,要如何开发新客户呢?

开发新客户的办法和途径有很多,一是登门拜访,直接上门营销。这是最传统的营销模式之一,也是最直接的销售模式。二是直接打电话销售。三是线下发传单,陌生拜访。四是通过网络宣传销售。五是老客户转介绍等。

在营销中,有一条黄金法则:"开发一个新客户,不如维护一个老客户。"获取新客户资源最有效率、成本最低的方法是转介绍。可以说,一个成功签单客户的背后,往往蕴藏着巨大的人际关系价值,值得充分开发和挖掘。

1. 转介绍是业务员不可或缺的重要技能

美国著名推销员乔·吉拉德在商战中总结出了"250定律",即每一位客户背后隐藏着250名潜在客户。如果你的专业和服务赢得了一位客

215

户的好感，这位客户就有可能推荐身边的 250 个人与你认识；反之，将失去背后的 250 位潜在名单。在六度人脉关系理论中也提到了，一个人和处在世界任何一个角落的陌生人之间所间隔的人不会超过六个。你最多通过六个人，就能够认识他们，并与之建立联系。斯坦福大学调查显示：一个人赚的钱，12.5% 来自知识，87.5% 来自人际关系。

因此，千万不要忽视任何一个不起眼的人际关系，可能某个人际关系就改变了你的一生。特别是寿险生涯中，最不能缺少的是人际关系，一定要好好经营你现有的人际关系，通过现有的人际关系去接触客户背后的资源，不断获取转介绍名单，让自己的寿险生涯基业长青。

而从长远发展来看，给客户提供专业化、持续性的服务，强化与顾客的关系，可以为后期转介绍做出很好的铺垫。因此，转介绍是业务员不可或缺的重要技能。

2. 转介绍的本质，就是让客户感到满意

当你作为新人加入保险行业时，可能听过这样一句话：吸引一个新客户的成本远远高于维护一个老顾客的成本，开发十个新客户，不如维护一个老客户。实际情况确实如此。因为，老客户的转介绍，你有以下四个优势：可信度强、获得有潜质的客户、客户的从众心理、拒绝的可能性较小。

假设今天你要去见一位陌生的客户，你跟他之间没有信任。但见这个人之前，有一个中间人帮你推荐并为你提供了背书，你会很快与这位陌生人建立信任。可以围绕中间人的共同话题，快速建立链接，提升沟通效率，耗时少、成本低、成功率高。

据统计，转介绍一直是寿险行业的主要销售收入来源。一个绩优业务人员，转介绍的成单比例普遍在 50% 以上，优秀的甚至超过 70%。

但大多保险顾问最苦恼的问题是：不知道如何开口要求已成交的客户为自己进行转介绍，又或者是口头向客户要求转介绍时，客户很可能以各种理由委婉地拒绝。相信每个从事寿险行业，甚至是整个销售行业的业务人员，都有这样的困扰。

那么，在销售中，要如何让客户打消心理障碍，轻松转介绍呢？

转介绍的本质就是让客户感到满意。只有让客户感到满意，客户才会不断复购产品，才愿意转介绍。

真正拉开绩优业务人员和非绩优人员之间差距的一定是销售过程中的专业度与个性化服务。这也是这本书要传授的技能，值得反复学习。

3. 转介绍最佳的时机

如果你现在想让你的客户或好友进行转介绍，你会选择在哪个销售环节开口呢？在售前？在售中？还是售后？

在传统的保险公司制式化培训中，大多数人会告诉你：转介绍是应该在成交以后再进行。但其实这是一个误区。

真正的转介绍，不仅是在成交以后，它贯穿于每个销售环节和每个细节里。它是一个循环，也是一个闭环。

也就是说，不管是售前、售中、售后，每个环节都体现着你的服务质量和专业水平。只有让客户第一时间相信你、信任你，对你的专业服务满意，才能让客户自然而然地给你转介绍。反之，若你在哪个销售环节表现得不专业，或是让客户感到不舒服，客户都不会为你的努力和汗水买单，也就不会为你进行转介绍了。

转介绍存在于销售的每个细节中。这就需要让每个销售细节都变得更加专业。

可以说，如果能用极致专业的服务，做好前面 80% 的专业技能展示，认真对待每一个环节的销售细节，转介绍就是顺理成章的事情，就会源源不断地获得新客户名单。

4. 轻松转介绍的三个技能

在这个社交网络的时代，传统的六度人际理论已经过时了，人际关系链从 6 到 1 跨空间链接。现在想认识任何一个人非常简单，通过微信群、社群等社交平台，你就可以链接到你想认识的人。

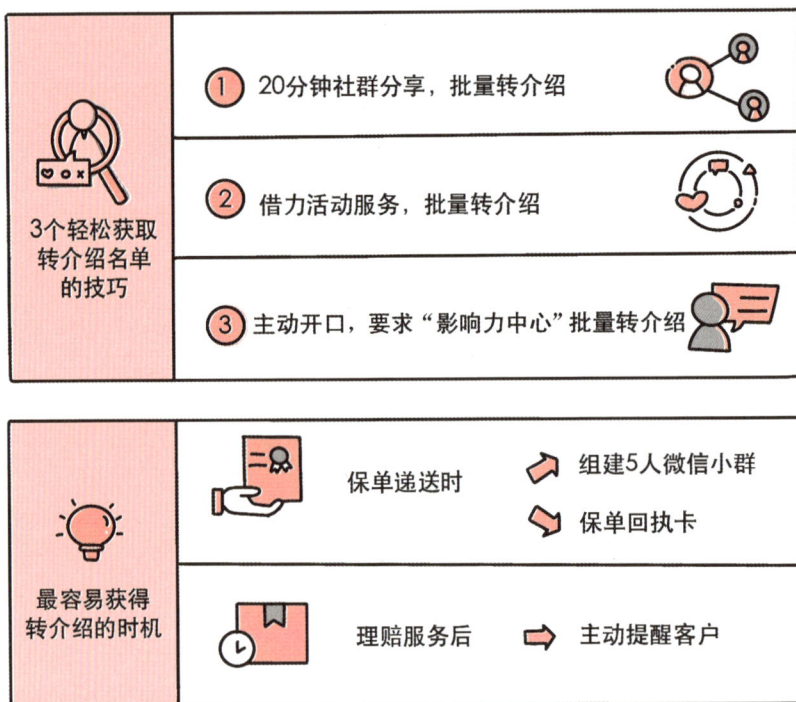

3 个轻松获取转介绍名单的技巧

① 20 分钟社群分享，批量转介绍

② 借力活动服务，批量转介绍

③ 主动开口，要求"影响力中心"批量转介绍

最容易获得转介绍的时机

保单递送时 → 组建 5 人微信小群 → 保单回执卡

理赔服务后 → 主动提醒客户

有趣的是，现在获取转介绍名单的方法各式各样，越来越便捷，成本越来越低。如上图所示，这里推荐三个轻松获取转介绍名单的技能。

第一个技能，20 分钟社群分享，批量转介绍。只要你具备一定的专业知识，就可以让你的朋友、你的潜在客户，组建一个微信群，在他们社群里做一个 15～20 分钟的分享。通过你专业度的呈现，就可以高效批量地获得精准转介绍名单。

第二个技能，借力活动服务，批量转介绍。每家保险公司都会有各种各样的活动，例如名家之约、健康检测、知识讲座、亲子活动等。除此之外，如果你擅长组织活动，就可以利用自己的优势，组织一场户外活动，精心设计前、中、后期活动环节，用心服务，让客户喜欢上参加你的活动。与此同时，还可以把不同的客户邀约到不同的活动中，并要求客户 1+1、1+N 参加。让客户带上朋友，让客户和客户的朋友都喜欢上你的活动。

第三个技能，主动开口，要求"影响力中心"批量转介绍。这个方法中最重要的必备技能，就是大胆主动地开口。许多销售人员觉得客户能够签单已经很不容易了，不好意思再麻烦客户转介绍，这种观念是错误的。当你不好意思的时候，可能你的竞争对手已经从你的客户处获得到转介绍名单了，这对你来说就是一个巨大的损失。所以，一定要大胆开口向"影响力中心"客户要求转介绍，并把它当成一种习惯。最坏的结果也不过是客户的拒绝。只要耐心坚持，服务到位，客户一定会帮助你转介绍，不要把机会留给对手。

而在保单销售的环节中，最容易获得转介绍的时机主要有两个。

一是保单递送时。递送保单是最容易获得转介绍名单的时机。可以组建一个 5 人的微信小群，也可以利用保单内的回执卡。如果没有保单回执卡，也可以自己设计一个提供给客户。

回执卡的作用就是要求客户填写保单的紧急联系人。其实，在办理信用卡时，也会要求客户留下紧急联系人的名字和电话号码。在保险中也可以利用这种方式，主动要求客户填写紧急联系人。万一客户发生什么事情，第一时间出现在客户身边的一定是客户的家人、亲密的同事及好友们。其次，才是保险顾问。因此采用紧急联系人这个说法，可以让客户更容易地填写身边朋友或家人的联系方式，也有利于进行客户转介绍。

二是理赔服务后。享受过理赔的客户，对保险的认可度以及保险顾问的服务往往不会有异议。保险顾问可以在这时主动提醒客户，让身边亲近的人都拥有充足的保障。这时，客户都会非常乐意将他身边的人转介绍给你，从而实现新客户的拓展。

下面将列举一个真实案例。

有个客户通过某款社交App，给父母买了保险。后期客户的父亲查出了癌症，刚开始客户沉浸在各种负面情绪中，很焦虑，以为买的保险不能赔付。但这时保险顾问承诺帮助跟进理赔，让客户放心。很快，代理人通过专业的理赔服务，帮助客户拿到第一笔理赔款，事后客户便主动承诺，要给他转介绍客户。

所以，保险顾问要主要开口，主动要求，才会争取到客户的转介绍，帮助你在寿险生涯慢慢成长。

转介绍贯穿在每个细节，需要为客户呈现专业度和温情的关怀。而真正做好转介绍需要有三个技能。

一是专业。要用专业去征服你的客户，让他感受到把保障交给你规划更为放心。

二是服务。要让新老客户感受到你的温度，对你的服务更满意。

三是敢于开口。让你的客户帮助你在寿险生涯中更好地成长。

如何给客户
写一封感恩信

保险相关的专业知识我们可以通过学习、时间和案例的积累慢慢加强。但服务需要个人的敏感度，只有将自己代入客户的角色感受服务的效果，才能明白如何去做。因此，客户的经营可以分为两个部分，一个是专业的基础，一个是服务的环节。

要在寿险行业中做好经营，专业是基础，服务则是成功的关键。服务代表着你的初心，要思考自己是否能为客户排忧解难，为团队创造价值，为自己的人生创造更大的价值和愿景。你需要通过温度来链接自己的过去和将来，链接客户的现在和将来，链接你与团队之间互助的将来。当你变得更有爱、更动心动情时，才会与客户产生共鸣，产生人的链接和深度的链接，见下图。

那要如何产生深度链接呢？中国人对于情感的表达一般是比较含蓄的，所以对于情感表达的方式就需要好好琢磨。在前文要为客户讲解保险合同能解决的问题有哪些，未来的理赔方式，以及保障缺口，这都是保险顾问职责内的事。还提到可以给客户一个有仪式感的表达，让客户写一封信留在保险合同中，表达对家人的爱和责任。

作为保险顾问，可能经常会用小卡片做一些简单的表达，这可以有很多种方式来做。第一种是买一些好看的信笺纸放在家里。第二种是买些可拆卸的本子，随身携带。这些都是写作的工具，写作内容的构思也是十分重要的。

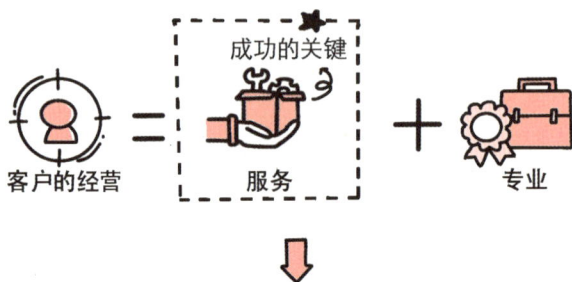

每个人由于从业经历、身份、客户关系不同，写出的内容也会各不相同。我们是在送合同保单的时候写一封信，还是趁客户过生日的时候在礼物中夹一封信，还是在日常见面的时候写一封小信呢？

其实，我们在了解了什么时候容易与客户产生链接与共鸣后，这封信的内容无须多华丽，重点在于是否能用书面情感来表达这件事，养成记录的习惯。日常可以用小纸条来记录，重要事情则需要用信件来表达。

亲笔书写也是更具有温度的表达方式。所以，我们要知道如何将写信这件事情做到位，让客户感受到你的用心和用情。

假如你的客户在收到合同时，发现里面有一封信。你可以念给他听，表达你的情感和用心。下面列举了一封信件的内容。

亲爱的 ××:

我们认识已经有三年时间了。在过往的三年中，不管是公司的各种讲座活动还是你宝宝的一些家庭活动，我们两个家庭总在一起游玩，一起成长陪伴，我们有什么学习活动也在一起。而且你也把一家人的重要保障交给了我，这个对我来说是一份沉甸甸的信任和嘱托，我非常感谢你。在我人生中最艰难的时候，最需要帮助和支持的时候，你毫无保留地信任我，并且交给我来做规划。

三年了，我们一起走过了很多欢乐的日子，我们一起笑过，一起哭过，我们一起做了很多开心的旅游，也在一起做了很多财务安排。是的，在未来，我希望我们就像一家人，你就像我的姐妹一样，你的孩子就像我的亲人一样，我希望他们能够健康喜乐，我还会不遗余力地在我的成长过程中为我们的家庭提供最好的保障和服务。

我想我们的心是在一起的，保单只是链接我们彼此的服务，它其实只是将来我们捆绑在一起的一个情感链接。我希望我们未来不管如何都能成为最贴心的人，我会一直在你身边……

如果在送合同时，为客户念一封这样的信。你与客户的距离就会拉得更近。

与客户的情感链接是需要仪式感的。尽管在保单递送或见客户的时候已经通过很多环节让客户感受到我们的专业，但实际上一个人的记忆是非常有限的，客户对于沟通话语中的记忆会淡忘。这时就需要一种可以经常翻看的、被看见的、被想起的以及被链接的形式来留存，比如这封给客户的信，可以将你的成长故事、荣誉时刻、专业价值、与客户之间的感恩同行，以及从业的愿景，包括保险的意义，通过信件的方式传递出去。除了信件，这些故事也可以通过公众号、朋友圈以及专业课呈现出来。当然也可以举办每年的感恩答谢会来传递。

第 7 章

学习让你的
专业性与众不同

从电影中挖掘
保险与人生的意义

文学、故事、小说、电影都是我们人生中不可或缺的、非常重要的好朋友，它们极有可能会影响到我们的一生。或许你过去看过很多的电影，悲剧的、爱情的、探险的主题等，其中某一段或某一瞬间会给你留下一些很深刻的印象，那么你是否思考过如何将电影同保险结合在一起呢？在本节中，会通过一些与保险有关的电影，来帮助我们更深入地领会保险对人们的意义，以及如何将保险与我们身边的客户进行有效结合。

我一直认为，保险行业属于"知识型劳动力密集行业"，保险顾问不缺乏专业的保险知识，也不缺乏沟通工具和技术手段，往往缺乏的是"打动"客户的沟通方式。这种"打动"的背后是一种温度，是一种热度，是一种真真正正对社会、对人的关怀。这种关怀既包括文化水平，也包括自身素养，还包括对日常生活的观察，需要我们去学习、去锻炼，用鲜活的故事和生动的人物来打动客户。

在前面我们谈到要随手收集看到的、听到的素材和话题，与身边的朋友和客户聊与保险有关或者是跟风险有关的话题。一般来说，文章是需要客户有一定的理解能力的，视频或者电影则是更直观的表现方式，因为视频的所包含的信息量要远远比一篇文章或者一张图片庞大得多。

我们可以从视频或者电影片段中开启关于医疗、健康、教育、亲子、养老、政策，以及生活中方方面面的话题。我们都知道专业化销售流程能打开话题、引发共鸣、激发需求和促成签单，通过电影也能够引发共鸣，能够引发对于风险防范的一些需求或者对于人生的一些思考。

和保险有关作品	连续剧	《爸爸叫红旗》 ➡	保险代理人的从业故事
		《人民的名义》 ➡	剧中人物眼中的保险
	电影	《人在险途》 ➡	保险从业人员的理赔工作
		《我不是药神》 ➡	保险对人生的重要性
		《桃姐》 ➡	讲述养老
	纪录片	《生门》 ➡	讲述保险的意义
		《养老中国》 ➡	讲述养老

和保险无关的电影	《海上钢琴师》 🚩	人生哲理：坚守本心

如上图所示，讲述保险的电影、电视剧或者片段是非常多的。有一部电视连续剧，叫作《爸爸叫红旗》，讲述一位保险顾问人生中跌宕起伏的从业故事，我们就可以从剧集中看到自己的身影。2017 年的 7 月 8 号上映的《人在险途》，讲述了保险顾问的理赔工作，告诉我们保险本质上是爱，是一种契约，当生活中发生风险时，保险的缺失对一家人的打击是非常巨大的。连续剧《人民的名义》非常火爆，我们可以从剧中主要

人物代理买保险的片段来了解剧中主要人物眼中或者是口中的保险是怎么回事。

《我不是药神》也是一部我们非常熟悉的电影，在2018年上映之后引发非常高的关注。从这部电影有喜、有悲、有泪的画面中，我们会发现人们对于健康的关注度已经远远超过想象。

除了电影和连续剧以外，也有许多讲述保险意义的纪录片，例如《生门》。这部纪录片讲述了当了爸爸妈妈之后都知道的道理，一个生命的诞生是非常美好的，当然这个过程也是非常艰辛的。这让我们感受到一个人生命的生生不息和无限美好，在这个过程当中会有非常多让人回忆起来特别揪心的、特别生动的、特别温馨的瞬间。相信《生门》中的许多画面都会勾起为人父母后的人的无限的感想。

还有一部专门讲述养老的纪录片《养老中国》，讲述了整个中国60岁以上的老年人口突破2个亿。我们都有父母，同时自己也即将老去。那么，如何面对老龄化以及老龄化问题显得尤为重要。

每一家保险公司都不遗余力地去解决我们的客户、身边的朋友，包括自己的家人在养老金、养老方式及医疗方面的保障问题。这也是每一个保险顾问需要关注的。我们看到过太多"久病床前无孝子"的无奈，所以每一个保险顾问都应该竭尽全力帮客户、朋友和自己的父母做出最好的安排。

谈到养老，推荐一部非常好的电影——《桃姐》。这部获奖无数的片子讲述的是主人公桃姐在某一天突然晕倒，醒来以后发现自己已经开始出现一些生活的不便，后来便到养老院生活。桃姐在养老院生活时，看到了身边老人与疾病斗争，最后相继离去的画面。

我们之所以要关注养老，是因为对于客户而言，当一个家庭的父母老去以后，要考虑他们到底是去养老机构，还是居家养老，还是到保险公司的养老社区去养老呢？显然这个答案没有办法明确说出来，因为每个人的生活观念、财务的准备情况不同，还有子女是否尽心尽力的问题。医疗、教育和养老，其实是保险公司要帮客户解决的问题，是保险公司不可推卸的社会责任，需要保险顾问真真切切地去关心我们的客户及其家人的情况。

《生门》《养老中国》《桃姐》这些片子让我们看到，我们可以选择不生，但是不能选择不老，弹指间我们终将老去。中国人非常喜欢谈生孩子，我们在饭桌上、在电话中、在问候中、在一些朋友的谈笑中总是会问起。但是我们却很少跟朋友仔细谈一谈我们如何老去，如何面对生命的消失。我们可以通过从电影找寻这类故事，也可以跟客户一起来看一些相关的电影，来共同面对生命中的一些规律，一些不得不去面对的责任。

保险不只是一种产品的买卖，它让客户看到了人生的规律：生、老、病、死。在人生有能力的时候，通过花费时间、财富，或是求助保险专家协助，能够让我们把人生的风险，不管是意外还是生病，都更好地做好规划。如果能做到如此的话，无论未来面临什么事情，我们都会更加从容。

最后推荐的一部电影是跟保险无关的。很多电影都向我们透露了非常多的人生哲理。例如《海上钢琴师》，讲述的是一个在船舱里面弹琴的钢琴师，他将自己的一生都奉献在船上。从中我们可以感悟到导演所传递的是一个人的信念、一生的追寻及可以忍耐的寂寞。保险顾问在日常工作生活中，也会遭遇非常多的困难、纠结、痛苦、压力，甚至有时候还会经历诱惑，坚守自己的本心就显得尤为重要。

人生不管处于哪一个阶段，都需要通过学习来提升自己的能力。作为一名专业的保险顾问，我们也需要通过阅读书籍快速且有效地提升自己接待客户时需要拥有的各项能力。

读书是易事，思索是难事，两者缺一，便全无用处。既然是用于工作，那我们在读书的选择上便有了方向，而非走马观花随便看看，看过便忘。在图书挑选上，需要我们有选择性、针对性地去看。要理解书中的内容，学以致用是最好的。在与客户的交流沟通中，用自己所学彰显自己的专业底气，快速捕捉客户需求，轻松与客户建立信任，从而快速签单，事半功倍。

接下来我将向你们推荐 4 个类型的书籍，见下图。这些书籍或与保险行业有关，或对客户沟通有效果，都是很值得阅读和学习的。

1. 疾病相关

近些年，医疗险、重疾险越来越受到大家的关注。如何给客户解答保险条款中关于疾病与保障的问题，这是我们必须要了解的。

丁云生先生所著的《重疾不重》一书从医学、销售、产品开发及再保险等多角度来分析重疾险，帮助我们解答客户的疑惑。他在《重疾革命》

230

一书中提出了"健康险公司应为客户提供健康管理业务"的理念。

| 疾病相关 | 《重疾不重》《重疾革命》《最好的告别》 ➡ 跟生命告别 |
| | 《滚蛋吧！肿瘤君》 ➡ 对抗疾病的整个过程 |

财商相关	《金钱与命运》 ➡ 财富管理的意义
	《小狗钱钱》 ➡ 创造收入，找到自信人生
	《选择的富人》 ➡ 财富管理的故事

规划相关	《百岁人生》 ➡ 长寿时代下的时间规划
	《时间的玫瑰》 ➡ 通过时间创造价值
	《贫穷的本质》 ➡ 时间的宝贵
	《管道的故事》 ➡ 赚钱的方式
	《预见的力量》 ➡ 规划的执行

| 法商相关 | 《懂法律，成交更简单》《中产家庭如何保卫财富》 ➡ 用法商思维应对未来风险 |

　　对于大多数人而言，并没有养成跟生命告别的习惯。其实，当生命走到尽头的时候，是需要心理教育的。《最好的告别》这本经典书籍，讲述了当一个病人到临终阶段时，作为家人怎么在尊重生命和尊重病人的前提下，让生命更好地告别，有更尊重的仪式感。而《滚蛋吧！肿瘤君》

231

一书，则以漫画的形式讲述了对抗疾病的整个过程。

2. 财商理念

很多人在购买保险后，往往会有这样的感觉。例如，购买了重疾险，但是自己身体十分健康。三五年后，被保人就会觉得自己似乎没有必要购买重疾险。而有些人不幸身患重疾，则会十分庆幸自己有先见之明，通过保险理赔让自己获得更好的治疗，减轻家里的经济负担等。

那么，作为保险顾问如何让客户明白走出局限，明白保险的真正意义呢？

《金钱与命运》《有钱人想的和你不一样》《小狗钱钱》等这些都属于财商启蒙类的书。

《小狗钱钱》是以孩子的视角打破了限制性的思维，看到了一个人只要有愿望和梦想，其实是可以创造自己的收入，突破人生的限制的。同时，在梦想清单的带领下，在72小时法则的行动里就可以找到自信的人生。

《金钱与命运》让我们了解财富管理的意义，首先通过分析客户财务问题，然后分析客户未来的需求和规划。最后，结合实际情况，针对客户的未来提出资产配置建议。

《选择做富人》以故事化的形式讲述了一个人从一开始的财富管理到最后的结局。书中写道："一个人最终是贫穷还是富裕不是凭运气，也不是靠所谓的机遇，而是靠生活方式和价值体系的选择。"这样的理财观念非常值得我们学习，并分享给客户。

这本书中还提到了理财的目标："人无非是生活在当下，还要有远大的梦想。"理财的目标有两个方向。首先一个是安排好当下的生活。

比如，家庭资产的合理投资，合理安排家庭的收入支出，给自己和家人建立一个安心、负责的生活方式。并为未来的人生做好安排，未雨绸缪，努力达成人生各个阶段的目标与梦想。

理财还有一个终极的方向就是财务自由。所谓的财务自由就是通过建立一个终生的现金流通道，保障自己和家人过上无忧无虑的生活，不再为金钱而工作，这就是所谓财务自由的境界。这本书中提到的理财目标有三个：一是要安排当前的生活；二是为未来的人生做好安排；三是财务自由，建立一个终生的现金流渠道。

这些理财的观点都可以应用在与客户的交流中。当我们通过专业书籍中的观点与客户沟通时，客户就可以理解财富管理的基础逻辑是什么，改变客户认知就是改变客户财富安排的第一步。

3. 时间规划

《百岁人生》这本书可以让我们思考在百岁长寿时代之下的人生规划，包括职业、婚姻、财务规划等。保险对于客户也意味着一个生命的现金流，对于长期的保障是非常有效的。

《时间的玫瑰》一书强调，顶级高手都是长期主观主义者，他们能够通过时间创造价值。这跟保险的理念是相通的。

还有一本非常好的书叫《贫穷的本质》。这本书中谈到，贫穷会使人丧失挖掘自身潜力的能力，表现为堕落、放纵、懒、不求上进。但这本书中也谈到一点，时间是一项重要的财富资源，而许多普通人没有意识到，常常觉得有大把的时间可以浪费。

而有财富积累的人往往很珍惜时间，他会寻找专业人士代他来完成花费时间的工作。他们会有自己的评估体系，比如，第一，你是否值得信任，第二，你是否专注做保险行业，第三，你是否专业，第四，你的服务是否贴心等。一旦通过评估，他是不会自己花时间去研究产品的，会要求你按照方案给他讲解清楚。因此，这本书中的很多观点是可以用来解决我们和客户间的异议的。

《管道的故事》中讲到，聪明的人总是利用闲暇的时间为自己找到一份持续的收入或者发展自己另一方面的实力，让人生获得持久的财富来源。所以，有长远目标和智慧头脑是十分重要的，挖一口属于自己的财富之井，建一个财富水渠，把渠道建好以后，水可以引到自己的水库里面来，这才是真正的财富的源泉。《管道的故事》让我们知道，赚钱有两种方式：第一种是靠卖时间来赚得收入，不管是专职还是兼职，只要是通过时间来赚钱的都是时间性收入；第二种是价值性收入，也就是"挖井"和"修建水渠"，建立属于自己的财富源泉。

《预见的力量》一书告诉我们，当遇到不确定事件的时候，怎么掌控好自己的规划。书中提到，5%的时间用来做规划和战略部署，95%的时间用来做执行。要确保时间和精力都是在独创性、战略性的未来上，这个未来是以最佳问题为导向，以获得价值最大化的方案为目标的。

4. 法商相关

作为保险顾问，阅读一些法律的书籍也是必不可少的。游淼然的《懂法律，成交更简单》这本书讲述了在债、税、法、婚姻、传承等方面，如何通过保险的专业方案来应对人生的各种风险。这本书推荐保险顾问和客户都读一读，因为它讲的是从保险如何解决风险的角度，来应对人生的周期、家庭的结构、财富的传承、税制的改革、遗产税及债务等，还讲解了如何通过保险建立财务危机的化解方式。

该书讲到保险顾问要学会用法商的思维教会客户如何应对未来的各种风险，是值得反复阅读的书籍。改变认知才能改变财富，要让客户理解风险及保险的好处，就必须要让客户了解政策的环境、人物的故事、财富的变化，包括对人性的贪婪、法律的应用、金融的逻辑、产品观念等。《中产家庭如何保卫财富》一书用 20 个案例生动诠释了如何用法商思维来保卫财富，包括从婚前、婚内、离婚、遗嘱继承与涉外婚姻五个部分，用案例引出法律和理财方面的问题与知识点，找到保护资产的方案。该书由郭丽律师和笔者合著，首次将法律与保险、理财的知识相结合，双管齐下，书中还详细给出了资产配置和保险规划方案的建议，很适合保险顾问士阅读。

在保险行业中，要了解自己从业的初心，也就是自己的愿景和长期的战略。每一年做动作拆解的时候，每个小目标就是我们执行的动作，也是把控节奏的重要手段。要把公司的节奏当成自身经营和制约的借力，所有的营销方案都可以成为自身的助力。

影响一个人的思维，是需要大量的书籍灌输的。有很多值得学习和阅读的书籍，都可以根据自身喜好去挑选，比如思维模式相关的书、管理相关的书、自我修炼相关的书，还有优秀人士习惯相关的书。我们要通过阅读这些书籍影响自己的思想，从而在交谈中影响客户的想法。

富兰克林曾说过："告诉我，我会遗忘。教导我，或许会记得。亲身参与，才可学成。"看书也是，看再多的书，我们也需要养成自己的体系，才能学有所成。因此，在阅读的时，推荐大家以下三个小技巧。

技巧一：在阅读的过程中形成做笔记的良好习惯，标出书中的重点，拍照存档做读书笔记。

技巧二： 在阅读过后，可以记录读书笔记，分享到社交媒体中，留下自己的心得体会，也可以与朋友和感兴趣的客户交流沟通。

技巧三： 可以把比较好的经典语言、画面，以及有启发的重点语句编入素材库。把书中的内容转化为自己的观点，再与客户进行交流。

在与客户的交流中，只有我们形成了自己的逻辑结构，当面对客户档案和名单时，就可以做到想到见哪个客户就带哪本书，因为他之前提过相关的异议、心愿或者想法。

如果你想成为更优秀的保险经理人，可以从以上这几个方面寻找更多优秀的书籍丰富、提升自己。坚定自己的理念，忠于理想，让自己变得更有才干，让客户看到你是一个有思想的人，能让你获得更大的成就和价值。

10 套阅读笔记
模板，助你高效精进

　　书是提升自身深度和内涵的最好方式，也是自我学习和成长的必要方式。前面的内容讲到了要多读书、读好书。不仅要读保险销售相关的书籍，更要涉猎其他领域，才能与客户培养共同话题，拉近与客户之间的关系。

　　你是否也会有这样的困惑？读了很多书，曾经记忆深刻的知识点却随着时间的流逝被逐渐淡忘？和客户沟通时，明明提到了看过的书籍，却找不到共同话题？在构思个人故事时，想引用书籍中的经典名句提升品质感，却找不到想用的句子？

　　书籍只是一个工具，如何将读过的书转化为自己的知识，应用在工作和生活中，才是需要思考的重要问题。那么，要如何提升读书效率，同时保证能活学活用学到的知识呢？

　　阅读笔记就是十分重要的解决方案。在读书时善用阅读笔记，不仅可以加深阅读的记忆点，还可以增加阅读的兴趣，让你在阅读中更好地收获与成长，间接拉动保险业绩的提升。下面将简要介绍阅读笔记的写作方法，让你对阅读笔记有一个初步的了解。

　　一份合格的阅读笔记主要包括八个步骤。

第一步，要先大致地浏览书籍。浏览书籍主要包括三个要点，分别是目录、内容主题以及结构框架。

第二步，要根据目标书籍，指定相应的阅读计划。这里也包括两个要点：定时和定量。即需要根据自己的阅读计划定时定量地安排后续规划。

第三步，要构建阅读笔记的框架。这步包括了两个要点：总结目录和概括主题。这一步是十分重要的，奠定了读书笔记的质量，所以需要用心研究总结。

第四步，根据先前构建的框架，录入信息。录入信息需要注意关键词和关键图。每本书籍都有自己独特的关键词，也可称之为阅读密码。需要将这些关键词总结在一起，方便后期在完善阅读笔记时通过关键词将整本书的内容更好地串联起来，从而增强阅读的记忆点。有的书籍中还有重要的插图，也可以直接存在读书笔记中使用。

第五步，完善内容。主要包含两点：结构美化和信息补充，指在前面步骤的基础上进行结构调整和优化。

第六步，处理杂项，包括聚焦主题和去除杂项两个要点。在完成初版的阅读笔记后，要通读一遍，筛查主题聚焦是否明显，旁枝末节是否多余。如果有多余的赘述，需要删除以保证读书笔记的主要内容足够突出。

第七步，内容细化，包含逻辑关系及关键词两个写作要点。要想完成一份优秀的阅读笔记，通顺的逻辑是必不可少的。因此，在完成阅读笔记后，要检查阅读笔记逻辑是否前后融通，论证是否得当等。

第八步，调整分类，包括相关主题和发散思维。相关主题的写作检查点是为了确保完成的阅读笔记与阅读的书目题材相符，例如散文性质文集的阅读笔记不能使用学术著作类型的写作手法，书籍与笔记的调性要相符。而发散思维是指在完成阅读笔记后，是否拓展了新的写作思路，或者有其他可补充的写作角度，可以针对已完成的阅读笔记进行最终完善。

按照以上八个步骤逐步进行，就可以收获一份合格的阅读笔记。作为保险顾问，更多接触的多为保险业务相关的书目，做好上面的笔记写作步骤，阅读笔记便不仅限于读书观后感，更是一份保险业务的销售白皮书，不断提升自身的业务能力。

阅读笔记的记录习惯因人而异，因书而异，可以采用的格式也有很多种。下面将就阅读笔记的模板类型进行总结概述，见下图，助你选择更适合自己的笔记模板。

1. 提纲式

提纲式阅读笔记以记录书籍内容为主要目的，需要以纲要的形式，将一本书或一篇文章的论点、论据叙述出来。提纲可按原文的章节、段落层次，把主要的内容简明扼要地写出来，也可以采用原文的语句和自己的语言相结合的方式来记录。这种方式通常更适用于学习类书籍，在原书逻辑清晰的框架上，可以更好地梳理出阅读笔记。

例如《懂法律，成交更简单》一书，从保险如何解决风险的角度，讲解了如何去应对人生的周期、家庭的结构、财富的传承、税制的改革等内容。原书的目录已经清晰标注了每个章节要讲述的内容，所以在做这类型书籍的阅读笔记时，可以使用提纲式简要记录，方便日后快速查找学过的内容。

2. 摘录式

摘录式读书笔记就是照抄书刊文献中与自己学习、研究有关的精彩语句、段落等作为日后应用的原始材料。摘抄原文要写上分类题目，在引文后面注明出处，供日后熟读、背诵使用。

阅读笔记模板类型

提纲式

纲要叙述 〉 论点 ┆ 论据

✓ 适合：学习类书籍

存疑式

记录 ✦ 解答 〉 疑难问题

✓ 适合：教学类书籍

摘录式

照抄〔语句/段落〕 作为 〉日后/原始材料

简缩式

理解〉内容 —(主要)— 缩写〉短文

✓ 适合：带有故事情节的书籍

仿写式

模仿〉段落┆句子 —转化— 〔摘录〕〔自身〕知识

表格式

表格形式 〉 呈现 〉知识框架（阅读获得）

评论式

评论〉人物┆时间（书中）—记录— 想法（真实）

✓ 适合：故事情节类书籍

导图式

梳理 〉 逻辑框架
总结 〉 读过内容

心得式

记录〉内容（印象深）—写下— 心得感受

✓ 适合：感性描述的书籍

应用式

及时记录 〉可应用场景 —(知识点)

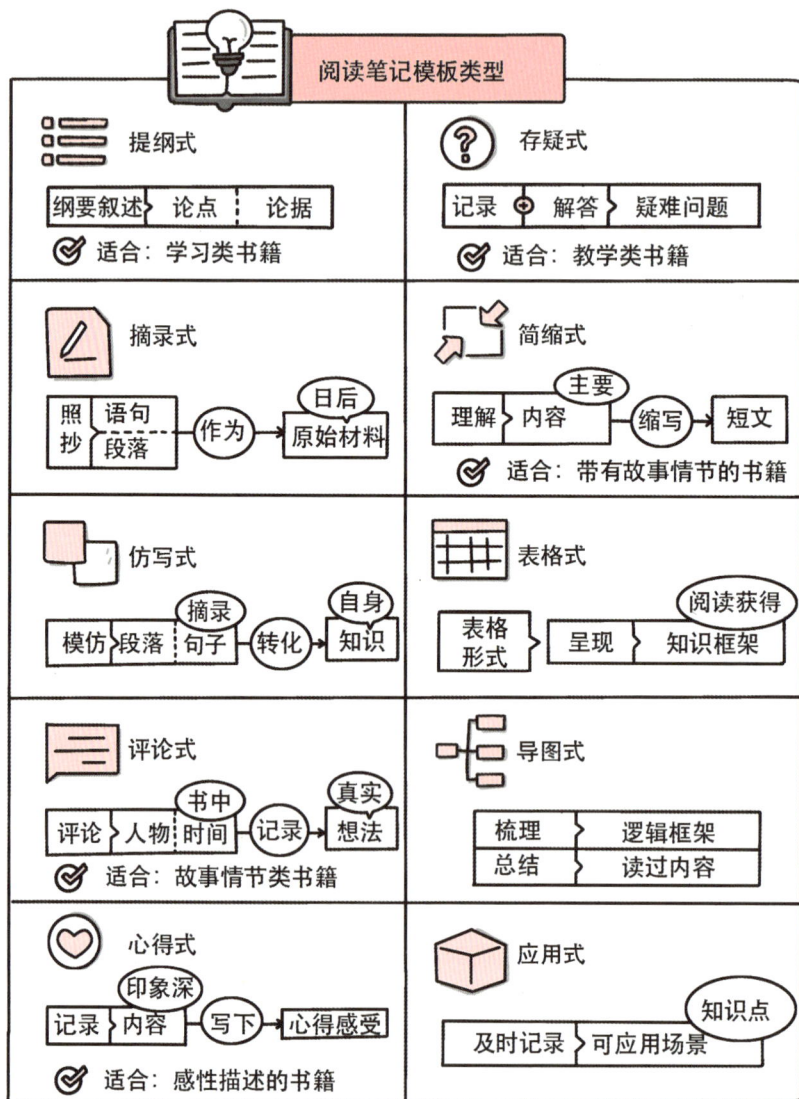

　　书中的经典名句不仅有助于拉近与客户的关系，也能助你完成惊艳的自我介绍和个人文章。例如：客户对建筑领域很感兴趣，当你在与他

沟通时说："现代建筑史既涉及建筑本身，也同样涉及人们的思想意识和精神实质。"他会对你快速产生好感，拉近距离，签单也会更加轻松。而这个名句或许就是你在阅读笔记中记录下来的一个简单的句子，它能帮助你拓展客户，从而更好地达成业绩。

3. 仿写式

仿写式是指为了更好地学以致用，模仿摘录的段落及句子，将书中的知识彻底转化为自己的知识。

比如"建筑必须前进，否则就要枯死。建筑没有终极，只有不断变革。"在看到这个句子时，就要思考是否可以与保险关联起来呢？比如仿写成"购买保险就是增添保障，否则将直面人生中的风险。保险没有是否值得，只有是否合适。"读书的意义不仅在于吸收书中的知识，更重要的是学以致用，将其化为自己的知识灵活运用。

4. 评论式

评论式阅读笔记是指对读过的书目中的人物、时间加以评论，记录自己的真实想法。可以分为书名、主要内容、评论意见几部分来展开。这种多适用于故事情节类书籍，需要针对书中内容分块进行点评，从而加深阅读中的记忆点。

比如，在阅读某个成功人士的奋斗史时，可以针对他创业期的每个阶段都进行评论，写下自己的真实想法。你需要明确自己对于这个做法的真实看法，从而梳理出自己观念上、执行力、领导力等方面的不足与优势，才能更好地成长。

5. 心得式

心得式阅读笔记也可称为随感，可以记录下书中印象最深的内容，写下真实感受及心得。它区别于评论式，更偏好从整本书的角度进行总结概述，主要记录心得与收获，更适用于感性描述的书籍。

比如《最好的告别》这本经典书籍，讲述了当一个病人到临终阶段时，作为家人怎么与生命更好地告别。这本书不仅讲述了生命的重点，更让人感受到了生命的意义。在读完书后，你可以写下的心得体会与客户分享，交流彼此的想法，从而增进彼此的了解。

6. 存疑式

这种方式是指在读书中要针对遇到的疑难问题，边读边记，之后再针对记下的疑惑进行逐一解答。这种方式更适用于教学类书籍。在学习时，随时记下自身的思考与疑惑，事后通过查阅资料等解答自己的疑惑，可以加深印象，提升学习效果。

7. 简缩式

这种方式是指在读了较长篇章的文章后，理解文章的主要内容，并把它缩写为短文记录下来。这种更类似于将自己的思路融入读过的文章中，汇总成一篇便于自己理解的短文。

例如前面章节提到过的《选择做富人》，以故事化的形式讲述了一个人从一开始的财富管理到最后的结局。这种带有故事性情节的书籍就很适合进行简缩整理，加深对书籍内容的理解。

8. 表格式

有些阅读笔记如果以表格形式呈现，可以更好地展示出阅读获得的知识框架。在表格中罗列出阅读日期、书籍名称、阅读章节、章节内容、经典语句、应用场景等，在阅读完成后，可以将内容一一整理进表格中，不仅方便记录，也是对整理习惯的一种培养。

在保险的日常工作中，经常有要使用表格的工作，例如客户管理表、保险规划等。利用表格形式整理阅读笔记，可以与保险的日常工作关联起来，便于工作中使用。同时，表格式在应用时可以快速检索出阅读书籍的日期和名称以及自己的收获，不会产生读过就忘的结果。

9. 导图式

除了表格式，导图式也是阅读笔记的一种很好的整理方式。思维导图不仅可以在工作中应用，在阅读时也十分有效。每本书都贯穿着作者的逻辑，是作者思维的结晶，逻辑性是很值得学习的。

对于保险顾问而言，逻辑思维是很重要的能力。思维导图不仅是对自身逻辑的梳理，也是对读过内容的总结与整理，可以有效加深记忆点，提升自身的逻辑性。

10. 应用式

读书之后常常会感觉很有收获，但却不知道如何应用。应用式阅读笔记可以助你解决这一问题。在读书的过程中，针对书中的每一个知识点，将可应用场景及时记录下来，可以有效提升阅读笔记的实用性。

例如，在读到书中某些佳句时，可以标注"可应用于自我介绍中"；在读到某些令人惊叹的观念时，也可以标记"打开话题时使用"或者"朋友圈分享使用"。运用应用式阅读笔记，可以将书中知识点与工作的应用场景很好地结合，真正做到学以致用。

以上介绍的十种阅读笔记模板各有利弊，需要根据自身的情况来选择最适合自己的方法。做好阅读笔记，做好读书回顾，才能有效提升阅读效率，从而达成高绩效目标，并最终成为受人追随的保险名家！

赛美

赛美火星财团·理财社群 创始人

中国太平保险集团 区域总监

IMA 保险名家理事会 中国区副主席

MFO 家族办公室财富传承讲师

《中产家庭如何保卫财富》作者

《给孩子的财商启蒙课》作者

《通往幸福的路上并不孤单》联合作者

个人荣誉：

中国保险名家管理金奖

亚太金融论坛"恒鼎奖"

MDRT 百万圆桌会议"TOT 顶尖会员"

IDA 世界华人寿险大会"白金奖"

最受百万深圳市民最喜爱的"金融双十佳"

2021 年度深圳十大杰出青年候选人

2022 年度深圳她力量"最美女性工作者"

她拥有 20 多年的财富管理经验，针对中产及高净值家庭，对风险管理、财富传承、家企资产隔离、保险金信托规划有丰富经验。

她热衷教育与公益分享，追随巴菲特的理念，大胆果敢，是保险领域的"独角兽"。她影响了 100 多万家庭的财商思维，帮助其梳理金钱关系，倡导建立和谐的家庭文化。

同时，与税务、法律、心理学、艺术鉴赏、IP 品牌打造等多领域专家合作，推出"塔尖理财师""财务问诊师""家庭财富教练"等专业课程，积极地帮助金融从业人士实现自我提升，建立更加专业化的金融知识体系，提升服务标准。

王盼

中国太平四星级讲师，国家理财规划师，赛美火星财团保险实战派。曾任央企零售门店营运经理，专注家庭财务问诊和保障规划，擅长健康核保和理赔报销，服务300多个客户和家庭，累计规划超15亿元保额的保障，帮助客户理赔超100次。

曾获"金话筒"奖，太平人寿年度常青藤荣誉会员、百件精英称号，赛美火星财团"保险达人36招"项目经理、金牌讲师，小红书保险专栏分享达人，头马国际演讲俱乐部主席。职业定位是"做您身边最信赖、最靠谱的专业保险顾问"。

邱少吟

赛美火星财团"保险精英实战营"项目经理，国家认证理财规划师，"保险达人36招"金牌讲师，微博认证头条文章作者，今日头条认证优质领域创作者。

深耕保险业6年，累计服务客户8.6亿元保险保额。曾获IMA国际保险名家奖、国际寿险百万圆桌MDRT会员、国际华人寿险IDA铜龙奖、中国太平高峰新锐会员、中国太平TOP精英、百万百件精英等荣誉。

黄敏

赛美火星财团创业合伙人，国家理财规划师，中国财富传承管理联盟会员，拥有近10年投资理财经验，擅长家庭财务问诊、风险管理、理财规划，同时热衷公益，累计为客户送去83亿元的保障。

曾获美国寿险百万圆桌MDRT会员、IDA世界华人寿险大会铜龙奖、深圳市寿险优秀营销员、中国太平TOP精英、中国太平百万百件精英等荣誉。

黄丽斯

9年资深项目管理达人，荣获美国PMI颁发的PMP证书，曾任"联想""NEC"等世界500强企业项目经理，主理研发"保险理赔营"训练营课程，担任千聊/喜马拉雅公开课讲师、"财务问诊师"认证课主讲人。

她立足保险行业，是专注财富规划的务实派、实战派。曾荣获IWMA国际财富管理协会风险管理师，IMA国际保险节"青年保险名家奖"，中国太平"百万精英奖"，国际IDA铜龙奖等荣誉。

潘知志

太平人寿保险代理人，国家理财规划师，"火星财团理财规划师认证班"班主任，"火星财团线上课程"讲师、主演，美好人生头马演讲俱乐部前主席，曾担任船舶建造工程师。曾与某央企合作运营了400人的线下培训项目，擅长解决难题，提供令人安心的解决方案。